Le Katanga, prisonnier de la mosaïque belge

Le Katanga, prisonnier de la mosaïque belge

Jean Aser Yav Tshang

2RA-Edition

Tshang, Jean Aser Yav

Le Katanga, prisonnier de la mosaïque belge / Author
Tshang, Jean Aser Yav

Includes bibliographical references

ISBN 978-1518682391

First Edition 2016

Cover: R. K. Design

Première édition, Mars 2016, 2RA - Publishing, Sandton – R.S.A.

Copyright: ©2RA - Publishing, 2015

Dépôt-légal : 11.20.2015.68. 4ème Trimestre

Dédicace

C'est à toi ma mère Mankand Tshilombu a Tshal a Mazemb que je dédie cet ouvrage.

TABLE DES MATIERES

~ x ~

PREFACE

Le Katanga, prisonnier de la mosaïque belge, ce titre va faire se réveiller la plupart des militants anti-sécessionnistes qui y verraient de nouvelles tentatives de raviver les débats de jadis qui mettaient aux prises deux tendances de la politique en République Démocratique du Congo à l'aube de son accession à l'indépendance.

Il n'en est strictement rien !

Beaucoup d'autres lecteurs pourraient soupçonner la résurrection de MOISE TSHOMBE à travers ses continuateurs et justifier leur phobie de voir la poule aux œufs d'Or reprendre sas élucubrations d'antan alors que le contexte international imposait un unitarisme «peut être» pas très bien compris par tous...

Quoi que toutes ces hypothèses soient prévisibles, il me parait logique plutôt de préciser que ce que j'ai pu percevoir dans les arguments des unitaristes comme dans ceux des fédéralistes en des années des indépendances ; tous recherchaient la stabilité d'un Etat, sa prospérité. Il sied de souligner que finalement le véritable combat en filigrane se résume dans la quête du bonheur d'un peuple.

Si la République Démocratique du Congo dans sa configuration totalitaire est généralement pressenti comme un scandale géologique et minier, le Katanga en son sein n'a guère demeuré que ce potentiel. D'aucuns ont déjà gouté à sa richesse et savouré de ses délices. Ce sont notamment les belges qui avaient su tirer un bon parti des potentialités du pays tout le temps qu'avait duré la colonisation.

A ce jour, le Katanga excite encore et toujours la convoitise de bien des prédateurs ayant leur regard rivé sur la Province couve et qui n'a été que moindrement exploitée parce que découvert, ou qui n'a pas été exploitée puisque non encore découvert, beaucoup de capitalistes et bon nombre de nos compatriotes - les katangais sont minoritaires dans cette dernière catégorie - baignent dans l'opulence, ayant profité des ressources du Katanga. La majeure portion de la population katangaise vit en deçà du seuil acceptable et même admissible.

Cette situation ne passe pas inaperçue aux yeux de jean Aser YAV TSHANG. Elle le pousse à méditer sur les possibilités d'ouvertures qui pourront conduire à un contexte de bonheur pour tous. Dans la cohérence de son récit, il se propose une option méthodologique qui postule la relecture de l'histoire de l'entité provinciale du Katanga. Il insère cette histoire dans le contexte général de la République Démocratique du Congo pour en comprendre les enjeux. C'est pour cette raison que la saison de l'appropriation du Katanga et son embrigandage dans la contexture globale lui parait capitale.

Il dresse correctement plusieurs portraits communautaires, ethniques et même des portraits d'individus selon que chacun d'eux a eu à jouer un rôle dans l'histoire de l'impérialisme belge au Katanga.

Ce n'est pas la rage du continuateur du « prétendu sécessionniste », mains un élan obsessionnel devant déboucher sur des pistes de recherches des voies sûres menant à la découverte du bonheur pour le peuple katangais, puisque celui-ci visiblement, demeure buriné par la misère. Le Katangais est véritablement cette antilope de la fable dont les pieds se trouvaient dans l'eau alors qu'elle se plaignait d'avoir soif.

Ce tableau sombre et triste de la situation dans laquelle se trouve le katangais me semble aussi scandaleux que le scandale dans lequel se confond le pays tout entier.

La condition du Katanga, pour mieux dire de l'identité katangaise, est inséparable de l'histoire de l'accaparement de son entité par des intérêts occidentaux à l'époque coloniale. Actuellement l'intérêt des occidentaux se double des ambitions des chinois et même de certains compatriotes qui cherchent et trouvent toujours quelque chose à gagner. C'est dans une sorte de circularité infernale que l'on se trouve coincé. Le Katanga y est réellement prisonnière. Et avec toutes les autres provinces aux contours irréguliers, ils forment la mosaïque belge. Jean Aser YAV TSHANG propose un succédané qui favorisera probablement le colmatage des fissures perceptibles sur la physionomie de la carte et le Katangais pourra vivre heureux sur sa terre, jouissant de ses ressources en communion avec ses paires.

Edouard NAWEJ MUKUNG.

INTRODUCTION

Situé au Sud-est de l'ex-CONGO BELGE, l'actuelle République Démocratique du Congo, le Katanga est une contrée fabuleusement riche en minerais d'une rare variété, mais aussi un lieu où vit l'une des populations les plus pauvres de la planète. Devant ce paradoxe inouïe, d'aucuns préfèrent ouvrir leurs yeux pour constater et fermer leur bouche pour ne rien dire. Le spectre du régime dictatorial du parti-Etat plane-t-il encore dans le psychique des spectateurs de cette aberration ? La vraie démocratie n'a-t-elle pas encore élu domicile dans la nouvelle République pour y garantir la liberté d'expression ? Ou tout simplement parce que ceux qui osent ouvrir leur bouche pour décrier le mal, journalistes comme activistes des Droits de l'homme, ne rencontrent que la mort sur leur chemin ? Tant de questions restent entières à ce sujet.

Hormis quelques historiens européo-contristes comme les qualifie Prince Dika-Akwa[1]

---

[1]Dika-AkwaNya BANBELA, P, les problèmes de l'anthropologie et de l'histoire Africaine. Edition CLE, Yaoundé 1982

qui en grande majorité ont écrit sur le Katanga, quelques rares Katangais ont osé aborder l'aspect antithétique d'un Katanga si riche et pourtant si appauvri. Cependant les ouvrages même sur le Katanga sont rares sur le territoire Congolais et rarissimes au Katanga où ils ont dû être détruits d'une manière ou d'une autre sous le régime autocratique de Mobutu, car leur détention était extrêmement scabreuse.

C'est pour pallier à cette carence que je me suis résolu de me joindre à mes prédécesseurs qui, stoïquement ont osé écrire sur le Katanga

Pourquoi des populations pauvrissimes sur un Katanga richissime ? Pour répondre à cette question, il faut d'abord répondre à la question "pourquoi fatalement le Katanga dans un Congo déjà vaste comme un continent et difficile à gérer équitablement ? " Avant d'en arriver là, je voudrais d'abord avertir tous mes lecteurs, que quiconque n'aura la patience de lire mon ouvrage dans son entièreté n'aura pas tort de me traiter hâtivement de séparatiste.

Par une approche historique, sans pour autant avoir une moindre ambition d'écrire un livre d'histoire, à travers cet ouvrage, je veux tout simplement expliquer que lorsque les explorateurs blancs découvrirent le Katanga, ils y trouvèrent trois monarchies qui étaient non seulement unies par des liens familiaux, économiques et sociaux mais, et ceci est de loin le plus important, dont le destin historique était lié depuis des siècles.

Ces liens existaient entre elles et entre elles seulement. Ils n'existaient pas avec leurs autres voisins. Ces monarchies constituaient au cœur d'Afrique une entité à part, résultat d'une longue maturation historique[2] ... Ce sont les trois monarchies qui affichèrent une opposition farouche à la reconnaissance du drapeau belge sur leur sol par rapport à d'autres royaumes et empires qui avaient consenti de « signer » des traités de cession de leur souveraineté avec les émissaires du roi des belges à travers tout le reste du bassin congolais. Devant cette attitude, les belges ont fini par prendre le Katanga par la force après avoir tué ou renvoyé en exil ses chefs coutumiers. C'est de cette façon que la Belgique a annexé le Katanga à sa mosaïque.

---

[2]Tshombe, M, Président de l'ex-Etat du Katanga, extrait du discours prononcé à l'occasion de la fête du 11 juillet 1962.

En effet dit le colonel Trinquier, le Congo n'avait aucune entité, ni ethnique ni nationale, l'Etat du Congo n'existait que par le fait d'accords diplomatiques qui avaient procédé à la répartition de l'Afrique à la fin du XIX^{è}S. entre les puissances européennes sans qu'il soit tenu compte d'autres choses que les intérêts des états européens.

Pourquoi alors les belges n'ont pas restitué le Katanga aux Katangais lors de l'indépendance de l'Afrique ? Ils ne pouvaient pas le faire par respect du serment de l'architecte de la mosaïque. En effet, sur son lit de mort, le roi des belges dit à son premier ministre SCOELLERT : "si vous cédez un pouce du territoire Congolais, votre Roi se lèvera de sa tombe pour vous le reprocher"[3]

L'histoire nous apprend que dès 1910, le Katanga avait un statut particulier au même titre que celui du Rwanda et du Burundi, il fut érigé en Vice-gouvernement Général. En pratique, le Katanga relevait de Bruxelles et non de Boma, ex-province capitale du Congo. Quand en 1933 ce statut fut supprimé, voici ce que dit J. Sépulcre à l'occasion de la recentralisation du Congo. « Si Léopold II se levait de sa tombe, il

---

[3]Encyclopédie du Congo Belge, Tome I

courberait bien bas son grand front génial et dirait : Mon intuition ne m'a pas trompé, hélas ! Ils me l'ont bien cochonné mon Congo[4] ».

En prévision du néo-colonialisme occidental sous lequel git encore l'Afrique entière aujourd'hui, le 19 mai 1960, la Belgique a conçu une loi fondamentale relative à la gestion de structure actuelle du Congo. Une loi fondamentale qui n'a jamais été valable pour le Katanga du fait qu'au moment de son adoption par les congolais réunis à la table ronde, le Katanga était mal représenté. Selon J. Gérard-LIBOIS ; « au départ la CONAKAT se présentait à Bruxelles en position de faiblesse à l'intérieur du front commun congolais à l'égard des partis nationalistes comme l'ABAKO, les deux MNC, le parti du peuple et le CERRA qui voyaient en elle un instrument du colonat européen ainsi qu'à l'égard des partis modérés comme la Balubakat et l'union Mongo tous deux conseillés par des représentants de sociologie Solvay et tous deux hostiles aux thèses séparatistes de la CONAKAT ... »

---

[4]Gérard –LIBOIS, J, <u>Sécession au Katanga</u> : Imprimerie D. Van Keerbergen et fils Bruxelles 1963.

Dans une telle situation, le Katanga ne pourrait pas faire valoir sa position.

Pour consolider cette loi, la résolution du Conseil de sécurité du 7 juillet 1960 recommande l'admission de la République du Congo à l'ONU, tandis que celle du 14 juillet décide de l'assistance à apporter à cette République. Dès lors le Katanga restera congolais. Et Kinshasa, son maître, constituera l'instrument de l'occident dont la mission est de tout mettre en œuvre pour éviter au Katanga l'apparition d'une force régionale.

C'est dans ces circonstances que le Katanga se voit assujetti, haï, envahi, exploité et finalement appauvri. Placés dans une situation où ils n'ont ni le droit de décider ni celui de choisir, les Katangais assistent impuissants au pillage systématique des richesses minières de leur sous-sol et à la destruction des infrastructures de base dans leur province. Par ailleurs l'oligarchie et le clientélisme se sont installés à Kinshasa, la capitale du papier.

C'est à Kinshasa que sont attribués les permis d'exploitation des minerais Katangais. Dans leurs résidences, les barons de Kinshasa reçoivent nuit et jour les visites de tous les diplomates et hommes d'affaires de tous les quatre coins cardinaux en quête des espaces de terres Katangaises où placer leur industries minières.

Le but de cet ouvrage est de montrer aux Congolais en général et aux Katangais en particulier qu'aucun coin de l'ex Congo belge n'est pauvre, et que nul ne peut prétendre que le Congo ne peut vivre sans le Katanga. Il veut également les prévenir qu'aussi longtemps que les tracées géographiques délimitant le Congo dans son actuelle configuration ne seront révisées, on sera loin d'aspirer à une paix durable à l'intérieur du pays. Car nous pensons que ces lignes imaginaires n'avaient pas tenu compte de la disparité des cultures et coutumes. Et asseoir une véritable nation sur ce Congo que j'appelle mosaïque, car construit par les belges et pour l'intérêt de l'expansion de la Belgique, ne sera que réaliser une œuvre faite de boue et de crachat. Cependant, il est possible d'espérer voir se constituer une vraie nation au bout de plusieurs siècles, pourvu que l'esprit de domination et d'exploitation des uns par les autres soit banni parmi les congolais et qu'un autre mode de gestion que l'unitarisme soit d'application.

Qu'entend-t-on par le mot Nation ? Selon l'auteur de l'ouvrage " Quel Etat pour l'Afrique[5] ?" : « la Nation est une communauté humaine dont les membres se sentent liés les uns les autres par un ensemble de liens de nature historique, raciale, linguistique, religieux, économique, culturelle, etc..» qui les distinguent en même temps d'autres communautés. C'est un sentiment collectif, le désir de conjurer le sort de toute la collectivité à laquelle on a la conviction d'appartenir. On l'a définie comme un vouloir vivre en commun. Ce n'est pas une création de droit, une institution juridique, mais une réalité sociologique et politique.

Plus loin, l'auteur de cet ouvrage dit que la Nation, phénomène culturel et affectif, ne se forme que très lentement, très progressivement, au fil des générations. C'est en partageant la même histoire pendant au moins un ou deux siècles que l'on éprouve ce sentiment communautaire. Pratiquement, la nation semble la meilleure base de mise en place d'un Etat.

MUSOLINI quant à lui dit que « la Nation est une formation volontaire et autoritaire. Elle se réalise grâce à l'Etat qui la concrétise et

[5]Michalon, T, Quel Etat pour l'Afrique, Paris, Ed. Le Harmattan, 1984, p 190

l'intègre dans une solidarité spontanée et diffuse par le pouvoir. C'est une unité susceptible de s'imposer intérieurement et de lutter extérieurement contre ses adversaires[6]. »

Dans tous les cas, la volonté des peuples de vivre ensemble est essentielle. Car elle est l'une des conditions sine qua none de l'existence d'une nation. Or, si cette condition avait été remplie au Congo par exemple, la guerre répétitive entre Katangais et Kasaïens sur le sol Katangais ne se serait pas produite. La pseudo-volonté des congolais de vivre ensemble est devenue une messe dite et redite par les unitaristes. Elle n'est qu'une volonté de façade. Un oripeau porté par les gens de Kinshasa pour mieux exploiter les richesses Katangaises. A la place de la solidarité entre les peuples, nous assistons à l'exploitation des uns par les autres. On dirait qu'au Congo la 1ère loi de VOLTERA s'applique bien quand les autres populations du Congo vivent au dépens des peuples Katangais (1ère loi de VOLTERA, cfr. Lu During Von BERTALANFFY, Théorie générale des systèmes, Paris 1993).

[6]Mussolini, B, La doctrine du fascisme, Milan, 1932

Quoi qu'on dise, pour l'instant on est loin de parler, d'une Nation Congolaise. Il y a lieu de parler plutôt d'un Etat sans Nation. Il s'agit selon l'auteur de l'ouvrage " Quel Etat pour l'Afrique" cité ci-haut, d'un Etat où il y a des Etats multinationaux qui s'ignorent en se revêtant de l'apparence de l'Etat Nation. En effet un Etat qui ne renferme pas une nation, mais englobe des populations hétérogènes peut à la différence des Etats multinationaux, nier ses composantes diverses et se doter d'institutions centralisées propres aux Etat-Nations. Dans le cas d'espèce, ce sont les royaumes et empires du Congo constitutifs des nations traditionnelles qui sont niés dès 1960. L'Etat-Nation est artificiel et fragile dit l'auteur car il ne repose sur aucune solidarité. La solidarité nationale officiellement affirmée est encore à naître. Et les solidarités réelles c'est-à-dire les solidarités régionales, sont niées et combattues. C'est un Etat qui sera généralement privé de tout soutien populaire et ses dirigeants, isolés, seront tentés de rechercher leur force dans la dictature, le peuple ne se reconnaissant pas en eux.

Cette situation ne concerne pas seulement le Congo, mais la plupart des pays africains où les solidarités ethniques et régionales demeurent plus fortes que la solidarité globale et collective et qui ont hérité au moment de leur accession à l'indépendance du modèle d'Etat inspiré par le colonisateur, l'Etat-Nation uniformisateur et centralisé. Ils espéraient que ce type d'Etat, plaqué sur une société hétérogène non encore centralisée en nation allait par sa fonction unificatrice forger rapidement une nation. Pour ces pays africains, le problème à résoudre poursuit l'auteur, est donc celui-ci : comment faire adhérer toutes les populations à l'Etat et construire peu à peu une grande communauté nationale.

Pour ma part, la France, pour ne parler que d'elle, est un bon modèle d'un Etat- nation. L'idée d'une nation française n'est pas identique à celle d'une nation congolaise. Quelques réalités peuvent illustrer cette assertion. La France a une culture obtenue au moyen d'ethnocide mis en application par l'Etat royal, poursuivi par les gouvernements révolutionnaires et le pouvoir impérial au XIXe siècle. Il n'y a qu'une langue nationale en France, le français. Nous n'excluons pas l'existence de quelques dialectes parlés par les corses, les normands, les bourguignons,....Le Congo est multiculturel. Il a une multitude d'ethnies, une disparité de mœurs et coutumes, autant de langues que ses ethnies, sectes et religions n'en parlons pas ... le Tshiluba, le swahili, le lingala, le français et le Kikongo considérés comme langues nationales sont plutôt parlées respectivement au Kasaï, au Katanga, Kivu oriental, à Kinshasa et au Bas Congo. Or le Katanga figure parmi les cinq provinces ayant chacune sa propre langue et où règne l'homogénéité de cultures parmi les ethnies qui les composent. Sa présence dans un Congo politiquement instable est la cause première de sa misère.

CHAPITRE I. L'HISTORIQUE DE LA MOSAIQUE DU CONGO-BELGE

1. L'Occident découvre l'Afrique noire.

Au début, l'Afrique était appelée Dark Africa qui veut dire, pays d'obscurité. C'est parce que ce continent n'était pas encore connu. Quand en 1856, Livingstone est rentré en Angleterre après son exploration en Afrique allant du sud vers le centre, il avait beaucoup insisté qu'il fallait éclairer les gens qui étaient dans l'obscurité[7]...

Lors de l'ouverture de la Conférence Géographique de Bruxelles tenue au palais royal du 12/09/1876, le roi Léopold II abondant dans le même sens, avait déclaré dans son discours ce qui suit :

« Ouvrir à la civilisation la seule partie de notre globe où elle n'ait encore pénétré, percer les ténèbres qui enveloppent des populations

---

[7]AE : LERBAK ; Ngandyetu : central mission presse cleveland, Transvaal 1965.

entières, c'est j'ose dire, une croisade digne de ce siècle de progrès[8] »

A entendre leurs discours comme tant d'autres encore, on croirait que le souci des colonisateurs était d'éclairer l'Afrique. Contrairement à cette approche et à la lumière des événements qui se sont succédé, il y a lieu de déduire que leur souci était plutôt de l'obscurcir. Pour s'en rendre compte, quelques preuves saillantes peuvent soutenir nos propos, notamment les graves incidents qui avaient surgi entre Stanley et Brazza[9], les droits historiques évoqués par le Portugal sur le Bas-Congo et le passage d'une <u>entreprise privée</u> créée dans le but scientifique et humanitaire à un <u>Etat souverain</u> suivi de son annexion au royaume de Belgique d'autre part[10].

C'est dans cet actif qu'il faut relever la découverte de l'embouchure de Congo en 1482 par DIEGO CAO, sujet portugais qui érigea un ''padrao'' qui signifie stèle de pierre, aux armories du Roi surmonté d'une croix.

---

[8]Encyclopédie du Congo Belge <u>op cit</u> p 14.
[9]Encyclopédie du Congo Belge op cit p ; 20 et 21.
[10]Ibidem p30

L'histoire nous apprend que bien que ses caravanes montaient lentement le fleuve et s'étaient butées contre une dangereuse succession de ses rapides, DIEGO CAO revint deux fois de plus au Congo. Ses voyages favorisèrent l'influence des portugais à s'installer sur les rives Congolaises. Ils favorisèrent également le démarrage des relations commerciales et l'évangélisation des royaumes de Nimi a Nzima.

Les portugais finirent par ériger leur royaume chrétien au Bas-Congo dont l'un de ses rois, reçut le baptême en 1491 sous le nom de Jean, en l'honneur du Roi Jean de Portugal.

Bien que le Portugal n'ait mis à profit ses droits historiques pour mener des actions politiques en tant que pionner de l'exploration du sol congolais, il fut à l'avant plan dans l'histoire de la colonisation de l'Afrique.

La première expédition scientifique Européenne commandée par le capitaine Tuckey remonte à 1816. Cette amirauté britannique avait pour but de rechercher la source du fleuve Congo. Malheureusement, après avoir franchi la première partie des cataractes, l'équipe de 17 personnes qui accompagnaient le commandant Tuckey dans son expédition succomba à cause des maladies[11].

Si la découverte de l'embouchure du fleuve Congo fut l'œuvre du Portugais DIEGO CAO, celle du lac Tanganyika en 1858 fut celle de Richard SPEKE et BURTON. Ces deux capitaines de l'armée des Indes partirent de la côte orientale en 1857 sur ordre de Géographical Society. L'exploration de ce gigantesque lac n'ayant été que partiellement faite par ceux-là même qui l'avaient découvert, elle sera l'objet de la préoccupation d'un missionnaire Anglais, David LIVINGSTONE.

C'est pendant que ce dernier remuait ciel et terre pour découvrir les sources du Nil et du Congo qu'il aura parcouru la région de grands lacs quelques années plus tard. David LIVINGSTONE était missionnaire, docteur en médecine et naturaliste. Il était un homme d'un courage sans pareil. Malgré la maladie qui l'a fortement affaibli, il réussit tout de même à

---

[11]René J. CORNET : <u>Sommaire de l'histoire du Congo Belge</u> Edition L.Cuyoers 108 av. des cerisiers Bruxelles 1948.

atteindre le Maniema et le fleuve Congo à Nyangwe.

Son absence prolongée en Europe finit par inquiéter ses compatriotes. D'où l'envoi par New York Harald du journaliste Henry Morton STANLEY à sa recherche. Ce dernier réussit à le rejoindre sur la rive du lac Tanganyika où une poignée de mains historique avait eu lieu le 10 novembre 1871. Après avoir exploré la partie Nord du lac, les deux hommes se séparèrent. Tandis que STANLEY regagna l'Europe, LIVINGSTONE poursuivit ses recherches.

En Europe plus tard, l'inquiétude reprit sur une éventuelle disparition de LIVINGSTONE dans le Dark Africa. La société de géographie de Londres décida alors d'envoyer deux autres expéditions pour découvrir l'infatigable explorateur. La première qui avait choisi de remonter le Congo à partir de l'Atlantique n'a pas réussi à franchir les cataractes et Le lieutenant de vaisseau, VERNEY LOVETT CAMERON partit de Zanzibar et rencontra un groupe de serviteurs de LIVINGSTONE transportant son corps embaumé[12].

---

[12]R.J. CORNET :

Poursuivant sa marche, CAMERON atteint le fleuve Congo qu'il essaye sans succès de descendre. Il finit par changer d'avis et se rendit au Katanga dont il traversa les parties Nord et Ouest. C'est dans cette dernière partie aux richesses minérales énormes qu'il prit un alliage de cuivre et d'étain pour de l'or. Malgré ces explorations qui ont véritablement contribué au progrès de la connaissance de l'Afrique, il restait encore beaucoup à faire pour percer le mystère du continent noir.

2. Les ambitions du Roi LEOPOLD II.

Les raisons humanitaires et religieuses souvent évoquées par les occidentaux pour justifier la colonisation de l'Afrique ne sont que des prétextes qui dans une certaine mesure poussent la victime à croire par ignorance qu'elle doit la fière chandelle à son bourreau. A vrai dire, les raisons de la colonisation de l'Afrique furent d'ordre scientifique d'abord et économique ensuite. En outre, pour résoudre la séculaire énigme des sources du Nil, l'exploration systématique de l'Afrique était incontournable. C'est ainsi que naquit d'abord l'African Association en 1700 et ensuite la Société géographique de Paris (1821) pour finir par la géographischebesellschaft Society à Londres qui se mirent à l'œuvre pour y arriver[13].

D'autre part, après la perte des colonies, l'Angleterre devait rechercher de nouveaux débouchés et fut le premier pays à s'intéresser aux questions africaines. Or le développement industriel de la deuxième moitié du siècle qui obligeait à chaque pays de s'assurer des matières premières n'a pas laissé la Belgique indifférente. Plusieurs cas prouvent clairement que ce développement industriel avait suscité dans le cœur du roi des Belges un sentiment d'émulation qui voulait que la Belgique comme ses voisins du Nord se dotât d'une colonie et devint un pays puissant.

Le Roi Léopold II s'était intéressé à l'Afrique dès qu'il fut Duc de Brabant. Les voyages qu'il avait entamés en 1854 pour se rendre aux pays de la méditerranée, aux Indes

---

[13] Encyclopédie du Congo Belge TOME I op. cit. p. 7 et 8.

anglaises et néerlandaises et aussi en Chine, ont été le point de départ de la réalisation d'un rêve pyramidal. Ce rêve n'était autre que de donner l'expansion à la Belgique.

A la demande du Souverain, Emile BANNING, attaché au département des affaires étrangères, a entrepris en 1865 une étude sur l'île de Formose et en a publié plusieurs articles sur les compagnies des Indes orientales aux XVIe et XVIIe siècles[14].

L'un de ces articles a servi de stimulant aux idées errantes du Roi et l'a orienté vers l'Afrique du fait qu'il se terminait par ces mots aux accents messianiques : « Le désert livre ses secrets ; le grand mystère de l'Afrique intérieure se révèle de jour au jour. Aucun insuccès partiel, aucun désastre particulier n'arrêtera désormais l'élan ; une génération ne s'éteindra pas que le voile ne soit levé et la lumière faite. Or la conquête de la science devient promptement celle de la culture morale et intellectuelle de l'industrie et du commerce. Comme l'Amérique et l'Australie, l'Afrique et certes son jour marqué dans les dossiers de la providence, et bien des

---

[14] Idem p.12

symptômes semblent annoncer que ce jour est proche » (15 février 1876)[15].

La remontée du Congo en 1816 par la première expédition scientifique européenne, la découverte du lac Tanganyika par BURTON SPEKE en 1858 et son exploration par David LIVINGSTONE quelques années plus tard comme nous venons de le voir, et autres progrès venus s'ajouter à l'exploration du Congo, ont été suivis avec un intérêt particulier par le Roi LEOPOLD II. Il s'est décidé de déployer ses efforts pour poursuivre l'exploration de l'Afrique.

Avant de réaliser son rêve, ce roi animé d'une foi inébranlable devait avant tout trouver un motif qui lui ferait bénéficier de l'appui des autres nations. L'objectif réel poursuivi était l'expansion de la Belgique. Mais avant tout, il fallait masquer cet aspect par l'intention d'aller « délivrer les populations indigènes de l'histoire de l'horrible fléau de la traite dont tous les voyageurs ont révélé les épouvantables ravages[16] ». Ce motif ainsi proclamé, le roi était désormais « bon samaritain », qui décrochait son visa pour se rendre en Afrique y poursuivre l'exploration systématique du continent et d'y

---

[15] Idem p.33
[16] CORNET R.J. op.cit. p. 8.

accomplir ensuite d'autres tâches dont son seul cœur gardait le secret.

On dit du Roi que « ses ambitions croissaient à mesure qu'elles étaient satisfaites ». C'est ainsi qu'il initiera tour à tour la tenue d'une conférence, la création de comité, d'organisme et d'association dont il tiendra lui-même les leviers de commande suivant la chronologie ci-après.

a) La conférence géographique de Bruxelles

Au mois de septembre 1856, le Roi Léopold II invite géographes et explorateurs à se réunir à Bruxelles en une conférence internationale. Du 12 au 14 septembre 1876, la conférence géographique. L'Angleterre, la France et la Belgique se réunissent pour la première fois au palais royal.

C'est le roi lui-même qui prononce le discours dont deux extraits appellent quelques commentaires sur leur objet qui caractérise la stratégie managériale du roi dans cette aventure coloniale.

1. « Le sujet qui nous intéresse aujourd'hui est celui qui mérite au premier chef d'occuper

les amis de l'humanité. Ouvrir à la civilisation la seule partie de notre globe où elle n'ait point encore pénétré, percer les ténèbres qui enveloppent des populations entières, c'est j'ose dire une croisade digne de ce siècle de progrès[17] » « Ai-je besoin de vous dire qu'en vous conviant à Bruxelles, je n'ai pas été guidé par des vues égoïstes ? Non, Messieurs, si la Belgique est petite, elle est heureuse et satisfaite de son sort, je n'ai d'autre ambition que de la servir[18].... ».

Dans le premier extrait, l'on découvre Léopold II comme un stratège qui dans un environnement concurrentiel s'accroche aux arguments forts pour gagner le marché, « .... Percer les ténèbres qui enveloppent les populations entières..... » N'est-ce pas de la compassion envers les autres ? Un prétexte plein de commisération, mais un voile sous lequel se cache une ardente passion de l'enrichissement qui anime une sorte d'héroïsme. Dans le second extrait, deux

---

[17]Encyclopédie du Congo-Belge, Tome I, op-cit,
[18] Idem, p.4.

aspects caractérisent les ambitions profondes du roi.

- Bien qu'appartenant à une culture capitaliste, le roi non seulement est un ambitieux, mais il est aussi un véritable manager. En tant que tel, il sait tenir compte de l'environnement avant d'agir. A cette époque de la compétition des puissances en Afrique, ce grand homme s'est vite rendu compte que les acteurs non seulement agissent, mais interagissent. Et pour ne pas donner l'occasion à un éveil prématuré des sentiments de jalousie qui naîtraient de la concurrence avec les autres puissances au risque d'attirer des conflits de légitimité et autres obstacles à son entreprise, le roi a dû faire preuve du sens de partage que celui d'égoïsme. C'est pourquoi il a convié les concurrents à la table et leur a dit qu'il n'était pas guidé par des vues égoïstes. C'est cette souscience de l'environnement qui a dès lors mis à l'aise ce Roi jusqu'à atteindre ses objectifs malgré d'autres obstacles qu'il a pu rencontrer et qu'il a tout de même réussi à contourner.

b) L'Association Internationale Africaine (L'A.I.A)

Un nouvel organisme du nom d'Association Internationale Africaine est né aussitôt que les représentants des nations réunis en conférence géographique de Bruxelles se sont séparés. Cet organisme né sous l'impulsion du roi LEOPOLD II a pour président le roi lui-même.

Le premier but de l'association fut de créer des stations dites hospitalières, scientifiques et pacificatrices au centre de l'Afrique et dont la toute première serait implantée sur les rives du Tanganyika[19]. C'est à l'époque où la voie d'accès la plus pratique était l'océan Indien, tandis que la communication avec la côte orientale a été rendue possible avec l'ouverture du canal de Suez.

Après la mise sur pied de la puissante machine de guerre qu'est l'A.I.A., les comités nationaux se sont mis en action. En 1877, la première expédition Belge dirigée par le

---

[19]CORNET René J. : op. Cit. p.8.

capitaine d'infanterie, CRESPEL, va d'Ostende vers Zanzibar. Aussitôt arrivé sur le sol africain, le capitaine CRESPEL succombe, tandis que le lieutenant d'infanterie Ernest CAMBIER son adjoint, atteint les rives du Tanganyika en 1879 et fait flotter à Karema, sur la première station de l'Association Internationale son drapeau bleu à étoile d'or.

STOMS qui fonde M'PALA en 1883 sur la rive occidentale du lac Tanganyika est l'un des quatre officiers de l'armée Belge que dirigent d'autres expéditions organisées par le comité Belge. Les noms des officiers POPELIN, RAMAECKERS, DE BECKER sont à retenir dans les expéditions qui se succédèrent. Le Roi était sur le point d'abandonner le projet à cause du caractère stagnant de l'œuvre de toutes les expéditions Belges. C'est plutôt l'exploit de Henry Morton STANLEY qui réanime la volonté du Roi lorsqu'il réussit de traverser le continent noir d'Est en Ouest en 999 jours.

Parti de Zanzibar, STANLEY arrive en août 1877 à Boma où il fut admiré par des trafiquants blancs dont un Belge, Alexandre DELCO MINE, installés en ces lieux. Les cataractes ayant barré la route aux autres explorateurs les empêchant de progresser à l'intérieur du continent, STANLEY avait estimé bon de contourner cet obstacle en empruntant la voie terrestre où il a eu cinq mois pour gagner la côte atlantique. C'est ce qui créa la différence. Le vaillant navigateur revient en Europe avec un volumineux bagage de connaissances sur les grands lacs, les forêts de Maniema, les réseaux des voies navigables et non navigables du fleuve Congo.

Il faut remarquer que la connaissance du fleuve Congo par STANLEY qui apporte au monde une véritable révélation, n'a pas laissé le Roi indifférent. Il a vite conclu que c'est du côté de l'Atlantique qu'il importe d'établir la plateforme qui servirait de base à l'action dite civilisatrice et économique vers le centre africain. D'où l'envoi de ses deux délégués à Marseille pour rencontrer STANLEY et l'inviter à Bruxelles en son nom. L'opportunisme du roi se transformera en une chance diront plus tard certains observateurs. Or ce qu'on appelle « chance » n'est rien d'autre, selon BADEN POEL, que la faculté d'apercevoir une occasion, et de sauter dessus à temps. A voir la rapidité avec laquelle le roi accourt vers STANLEY pour l'amener dans son camp, il paraît que cette faculté était très développée chez lui. Il avait le sens de saisir la balle au bond et de ne jamais laisser échapper une moindre occasion.

Par contre, STANLEY qui est natif de la Grande Bretagne avait d'abord décliné l'offre du Roi parce qu'il voulait faire profiter à son pays ses découvertes. Mais son offre n'ayant suscité aucun intérêt en Angleterre, il finit par accepter de collaborer avec LEOPOLD II.

c) Le Comité d'Etudes du Haut Congo (C.E.H.C)

LEOPOLD II n'est pas un homme à dormir sur ses lauriers. En 1878, profitant de la connaissance des moyens d'accès au Congo qui venaient de lui être révélés par STANLEY, il fonde à Bruxelles le comité d'Etudes du Haut Congo. Ce comité qu'on appela « Syndicat d'études » avait groupé des intérêts Anglais, Hollandais et Belges.

Il est un instrument commercial et poursuit un double but :

- Etudier la construction d'un chemin de fer qui reliera l'Océan au réseau navigable en contournant les cataractes qui constituaient un obstacle majeur.
- Le Comité d'Etudes du Haut Congo s'interdit tout dessein politique. Le Roi lui choisit Stanley comme agent d'exécution stationné en Afrique même et dont la mission première lui avait été dictée en ces termes par le Roi lui-même : « Construisez trois stations de communication, lancez un steamer sur le Haut Congo et maintenez des communications avec la mer ».

Au mois de septembre 1878, STANLEY fonde la station de base de Vivi, sur la rive droite du fleuve, en aval des cataractes. En 1881, il crée celle de Léopoldville sur la rive de Stanley Pool. Entre temps, le moment de se disputer le plat est venu. D'une part, les torchons brûlent entre STANLEY et un officier de marine français du nom de BRAZZA qui a planté le drapeau de la République sur les rives du Stanley Pool. D'autre part, le Portugal qui bien que n'ayant pas joué à temps le rôle politique pour pouvoir devenir maître du sol sur lequel il était le premier arrivant, surgit cette fois pour invoquer ses droits historiques sur le Bas-Congo[20]. Ces graves incidents prouvent, comme nous l'avons souligné ci-haut, que les colonisateurs ne poursuivaient nullement un but humanitaire, mais plutôt un intérêt obscur. Quant au Roi, il est temps de changer. Il n'est plus question de poursuivre une mission commerciale, mais de jouer son rôle politique sur l'échiquier mondial.

d) L'Association Internationale du Congo (A.I.C.)

Le flou artistique que le roi met dans la création d'une autre association appelée « Association Internationale du Congo » (A.I.C.) commence à dévoiler peu à peu que l'Internationalisation de tous les travaux entrepris par lui n'était qu'un masque qui cachait ses intentions de décrocher par des subterfuges la légitimité d'une entreprise privée. Cette association que d'autres appellent « enfant naturel » est née à une date imprécise[21]. Les archives ne révèlent rien sur

---

[20] CORNET R. J.: op. Cit. p.15.
[21] Encyclopédie du Congo Belge op. cit. p.22

sa structure et son statut. Mille et une questions restent posées sur la raison du mot « Internationale » intercalé dans cette appellation. Est-ce pour absorber l'A.I.A. de manière inaperçue ?

Est-ce pour préparer l'alignement d'une nation naissante aux côtés de celles existantes ?
C'est dans ce sens que les uns et les autres se posèrent des questions à ce sujet. De toutes les façons, bien que ce nouveau-né ait été entièrement la part du lion, le roi estimait qu'il serait imprudent de la soustraire prématurément de la coloration « Internationale ».

L'ambition du roi était telle que les choses n'allaient pas s'arrêter là. Par des procédés de métamorphose diplomatiques parfois très impressionnants, la simple entreprise privée allait progressivement être introduite dans la vie politique pour se faire ainsi accepter comme un véritable Etat.

3. La construction de la mosaïque

Dans son sens usité, le mot mosaïque signifie assemblage décoratif de petites pièces rapportées (pierre, marbre, terre cuite, smalt...) retenues par un ciment et dont les combinaisons figurent un dessin. Il signifie ensuite l'art d'exécuter ces assemblages.

Utilisé dans ce livre au sens figuré, ce mot veut signifier l'ensemble d'éléments juxtaposés ou encore ouvrage fait de pièces et de morceaux. Dans le contexte de notre sujet, la mosaïque est cette juxtaposition des nations, des populations, des cultures hétérogènes regroupées autour des royaumes et empires à travers le bassin du Congo. La mosaïque c'est aussi cet amalgame de populations dont la combinaison figure dans sa phase finale un dessin de la tête d'un athlète prenant – à la manière des grecs – l'élan d'une course en allongeant son cou et prêt à bondir d'un moment à l'autre. Cet ouvrage réalisé grâce au génie artistique d'un grand personnage Belge, est ce que nous appelons « Mosaïque belge ». Il est belge parce qu'il est l'œuvre d'un belge, conçu pour servir la Belgique.

Revenons maintenant à la manière dont le souverain belge parvint à réaliser une œuvre géniale et unique dans l'histoire coloniale. « Pour mieux vivre, vivons cachés » dit-on. Cela veut dire entre autre que parmi les conditions du succès, la discrétion en est une. Le roi LEOPOLD II qui ne le savait que bien, quoique agissant seul cette fois-ci, il agit tout de même sous l'étiquette de l'A.I.C. Avec des gens musclés à ses côtés, dont la majorité était constituée par des officiers belges, il érige dans l'espace de six ans une œuvre somptueuse au centre de l'Afrique.

Cette progression de la construction de la mosaïque nous est livrée par l'encyclopédie du Congo-Belge cité plusieurs fois ci-dessus. En voici les étapes :

De 1879 à 1885, quarante stations sont implantées le long de fleuve Congo jusqu'aux Stanley Falls et de Bangala à Luluabourg. Entre temps le Portugal dont l'attention a été réveillée par le différend qui surgit entre STANLEY et BRAZZA et diffusé par la presse française, décide de consolider ses droits historiques au Bas-Congo. En 1882, il invite l'Angleterre pour obtenir d'elle la reconnaissance de sa visée sur l'embouchure. Cela eut fallu compromettre l'œuvre du Roi, il a fallu une réaction rapide de sa part. Cette tâche ayant été confiée aux braves officiers belges qui se mirent à l'œuvre. COQUILATH va explorer la région de Bangala, HANSENS remonte le fleuve, fait signer des traités par des chefs indigènes et fonde un poste à Bolobo. Par le même procédé, il acquiert la souveraineté sur la partie comprise entre le poste Philippeville qu'il venait de fonder le 04/02/1883 et Manyanga ; VAN DE VELDE conclut deux traités par lesquels les territoires situés au Nord et au Sud du fleuve lui sont accordés ; GRAND-ELIOTT, HANSENS et VAN DE VELDE ouvrent quant à eux une voie de communication entre Stanley Pool et l'Atlantique à travers le Congo-Brazzaville.

Dans le Bas et Moyen Congo, beaucoup de traités ont été arrachés spécialement par M. DELCOMUNE et par VALCKE et VAN KEREKOVEN. Après avoir accompli sa mission en gagnant une grande partie du Congo et la vallée du Niari-Kwilu, STANLEY a cédé ses pouvoirs au colonel Français de WINSTON. Pendant ce temps d'autres puissances en compétition ne sont pas restées les bras croisés. Les Français intensifiaient leur implantation sur la rive droite du Congo, tandis que les Portugais et les Anglais parcouraient le Katanga. Les Allemands quant à eux se contentèrent de l'exploitation du Kasaï. Sur le chemin du Roi des belges, les embûches se multiplièrent.

Un aspect juridique soulevé en Europe au sujet de la cession de souveraineté par des indigènes était un autre cas curieux. C'est la France et l'Allemagne qui constatèrent la complexité de l'A.I.C. et se mirent à contester sa validité à partir du moment où les traités de cession de souveraineté commencèrent à être conclus en son nom.

Les juristes de ces deux pays n'étaient pas favorables à ce qu'une association de droit privé pût s'arroger le pouvoir de conclure des conventions de droit public et d'acquérir valablement le droit de souveraineté par une simple cession. On se posait la question de savoir si un chef indigène pouvait céder valablement ses droits de souveraineté. Pire encore, il leur semblait qu'au lieu que l'acquéreur fût un membre de la communauté, ce fut plutôt une société privée (cfr. p.24).

Cette question soulevée par ces deux juristes s'avère fondamentale et devrait interpeller les juristes congolais qui ont l'obligation de donner leur point de vue sur la procédure selon laquelle les blancs se sont emparés du patrimoine Congolais. On peut prétendre qu'il s'agit d'une question déjà dépassée par le fait des indépendances proclamées aux années soixante en faveur des pays africains par la plupart des puissances coloniales. A notre avis, on ne peut cesser de chercher à établir des faits infractionnels que les occidentaux ont commis et continuent à commettre à l'endroit de l'Afrique d'autant plus que ces faits constituent l'une des causes principales des maux qui gangrènent actuellement l'Afrique entière. Il s'agit ici de chercher à ressortir clairement la responsabilité des colonisateurs dans la crise Congolaise en général et Katangaise en particulier.

Nous reviendrons sur ce problème lorsque nous aurons abordé dans le prochain chapitre des cas relatifs à la conquête du Katanga. C'est là que nous aurons à examiner les circonstances dans lesquelles certains traités ont été conclus entre les collaborateurs du roi des Belges et les chefs indigènes congolais. Il s'agira là d'établir s'il y a eu cession de souveraineté par les congolais ou abus de faiblesse par les belges. Par abus de faiblesse, entendons le fait d'exploiter l'état d'ignorance ou de défaillance physique ou psychologique d'une personne, avec ou sans contrainte, aux fins de lui faire souscrire un engagement contractuel dont elle ne mesure pas la portée. (Cfr. Claude Renard cité par

KIFWABALA T., Droit civil des personnes, p. 170).

Il se pose un autre très grand problème qui mérite d'être examiné dans le prochain chapitre au sujet de la restitution de la souveraineté entre les mains de ceux qui l'avaient cédée. Ici encore, il est question d'établir si la procédure a été respectée. Autrement, il y a lieu de remettre en question ce qu'on appelle aujourd'hui encore « indépendance » et l'ériger en une des causes des conflits internes et externes actuels au Congo.

Devant cette question pertinente soulevée en France et au Portugal, LEOPOLD II qui envisageait déjà le remplacement du drapeau étoilé de l'A.I.C. par celui de la Belgique était obligé de trouver d'autres subterfuges encore. Il consulta deux juristes : Le professeur ARTZ de Bruxelles et Sir TRAVERS TWISS d'Oxfords qui l'aidèrent à trouver une solution à la question. Ceux-ci approuvèrent l'idée du changement de drapeau.

Tandis que lui-même eut l'idée de mettre en place une confédération des chefs indigènes qui serait représentée vis-à-vis des autres Etats par l'A.I.C. Il chargea GOLDMIS, officier Anglais retraité d'exécuter l'idée en allant recueillir des signatures des traités à l'intérieur du pays.

Plusieurs centaines de traités furent signés au nom de l'A.I.C. Mais l'idée d'une confédération des chefs n'a jamais été mise en application. S'il en fut le cas, le Congo à l'heure de l'indépendance, connaîtrait un régime confédéral ou fédéral et qui à ce jour ferait de lui un Etat fort et prospère. Il est à noter qu'à Bruxelles, le Roi était entouré de conseillers remarquables qui travaillaient d'arrache pieds : STRANCH l'ordonnateur, BANNING le théologien, LAMBERMONT le diplomate, SANFORD l'ami américain chargé d'affaires des Etats-Unis, THYS le constructeur et forgeron des affaires coloniales Belges.

Au problème soulevé par les juristes de deux pays susmentionnés s'est ajouté un autre qui a terriblement secoué l'œuvre naissante. Le 26 février 1824, l'Angleterre conclut un traité avec le Portugal pour la reconnaissance de la visée de ce dernier sur les rives du Congo. C'est alors que le colonel STRANCH conclut que pour couper court à toutes les gesticulations nuisibles, mieux valait obtenir d'un grand pays comme les Etats-Unis la reconnaissance de l'A.I.C..

Mais fallait-il encore trouver un moyen pour le convaincre à la reconnaître. Il fallait en outre trouver un diplomate qui se chargerait des négociations avec les Etats-Unis. Le choix était finalement tombé sur Henry S. SANFORD. C'est lui qui se rendit en Amérique accompagné d'une lettre personnelle du roi et d'un dossier constitué. En homme habile, ce général a dû utiliser deux procédés dont l'un consistait à aiguillonner le sentiment de commisération des américains et l'autre consistait à les séduire. Pour ce faire, il a laissé croire aux américains que l'unique but poursuivi par l'A.I.C. était de mettre un terme à la traite et d'instaurer le libre-échange. SANFORD n'ignorait pas que le peuple américain était particulièrement sensible - du moins en l'apparence- aux idées humanitaires.

Il s'est aussi appliqué à la séduction en préconisant devant les chambres de commerce le libre-échange et les avantages qu'elles pourraient tirer dans cette entreprise qu'il présentait comme une branche de l'A.I.A. Après ces manœuvres diplomatiques, tout comme maître Corbeau finit par lâcher son fromage après avoir écouté un discours mielleux du maître Renard, le gouvernement des Etats-Unis finit aussi par lâcher son approbation en faveur de l'A.I.C.

Le 22 avril 1884, les Etats-Unis reconnaissent le drapeau de l'A.I.C. comme celui d'un gouvernement ami. Les américains marquèrent leur sympathie envers un organisme qui en même temps qu'il luttait contre la traite, préconisait aussi la politique de la porte ouverte et le libre échange sur le territoire de l'A.I.C. A cette occasion, une déclaration des Etats-Unis signée par son secrétaire d'Etat FRELINGHUYSEN fit cette mise au point : « Le gouvernement des Etats-Unis proclament la sympathie et l'approbation que lui impose le but humain et généreux de l'A.I.C, gérant les intérêts des Etats libres établis dans cette région, et donne ordre aux fonctions des Etats-Unis d'Amérique, tant sur terre que sur mer de reconnaître le drapeau d'un gouvernement ami ». (Codes Louvres 1914 p.130) ce fut un succès diplomatique de plus pour le roi des Belges.

Comme les carottes étaient cuites, l'Allemagne reconnut à son tour l'A.I.C. Cette reconnaissance allemande fut exprimée avec beaucoup plus de précision dans la convention signée le 08 novembre 1884 par le colonel STRANCH et le Comte Brandebourg, Ministre d'Allemagne à Bruxelles que celle conclue avec les U.S.A. Ici le texte fait apparaître la mention

« nouvel Etat » qui coupe court à toute ambiguïté.

Le 16 décembre l'Angleterre reconnaît aussi l'association après la dénonciation par son gouvernement du fâcheux traité qui accordait au Portugal les bouches du Congo. Elle fut suivie par l'Italie le 19 décembre, l'Autruche Hongrie le 24 décembre, les Pays-Bas le 17 décembre et l'Espagne le 17 janvier 1885. La France quant à elle posa des préalables avant de reconnaître l'A.I.C. Elle cherchait à s'approprier la rive gauche du Stanley Pool alors qu'elle n'en avait pas le droit évident. Elle finit par obtenir la région du Niari-Kuilu.

Aussitôt que le Portugal eut reconnu l'A.I.C. sous pression d'autres nations, le traité fut signé le 14 février 1885. Dorénavant, la souveraineté et le titre d'Etat furent reconnus à une entreprise privée. Il s'agit là d'un principe nouveau du droit international qui est consacré. A ce sujet, René J. CORNET émet ses commentaires en ces termes : Pour la première fois apparaît dans la famille des Nations, un Etat conçu uniquement par la puissance de l'intelligence[1]. Même si sur le plan juridique, le procédé par lequel l'A.I.C. qui n'était qu'une entreprise privée a acquis la souveraineté lui concédée inconsciemment par les indigènes, tous ceux qui ont osé en faire des polémiques ont été obligés de se taire vue les garanties que le nouvel Etat avait offertes à tous les membres signataires.

En effet les droits reconnus par l'A.I.C. aux autres nations sur son territoire au point de vue civil, économique et religieux, constitue un moyen de corruption pour faire taire le droit international sur une bavure juridique. Pour légitimer la violation du droit des nations traditionnelles africaines de disposer naturellement de leurs territoires, toutes les puissances occidentales se sont jointes à l'A.I.C. pour convoquer une conférence internationale appelée Conférence de Berlin.

Cette initiative de se joindre intentionnellement à un organisme qui agit en violation du droit d'autrui parce qu'on espère y trouver son compte, et de concourir à la commission des actes de pillage des richesses des nations Congolaises, constitue ce que le Code congolais Livre I qualifie de participation criminelle selon les dispositions des articles 21 et 22 qui prévoient et sanctionnent plusieurs personnes participant à la commission d'une infraction en tant que complices ou coauteurs et aussi l'infraction d'association des malfaiteurs dont le chef de bande dans ce cas d'espèce fut l'A.I.C. Les articles qui prévoient et punissent cette infraction stipulent ce qui suit : Article 156 : « toute association formée dans le but d'attenter aux personnes et aux propriétés est une infraction qui existe par le seul fait de l'organisation » ; Article 157 : « les provocateurs de cette infraction, les chefs de bande et ceux qui y auront exercé un commandement quelconque seront punis d'une servitude pénale de deux à cinq ans et d'une amende de cent à deux mille francs ou l'une de ces peines seulement ». Les dispositions de ces articles étant valables pour le Congo, le sont aussi pour la Belgique et ses complices. Car il est à souligner que jusqu'aujourd'hui le Congo, tributaire de la législation Belge, continue à appliquer les textes légaux puisés du code pénal belge excepté quelques modifications intervenues au cours de ces dernières décennies suite aux nouvelles lois votées par les assemblées selon les circonstances du moment.

Pour réfuter l'existence de ces infractions dans le chef des puissances occidentales, le seul alibi dont disposent les conférenciers de Berlin qui ont participé à la légitimation de la colonisation et l'exploitation des biens congolais, réside dans l'existence des traités conclus entre les chefs indigènes et l'A.I.C. Or les circonstances dans lesquelles ces traités ont été conclus ayant été entachés de beaucoup d'irrégularités, ceux-ci sont juridiquement nuls et de nul effet.

Parmi ces irrégularités nous citons d'abord l'incapacité des chefs indigènes comme partie contractante, de poser des actes juridiques valables. Tout comme les mineurs et les aliénés mentaux sont qualifiés d'irresponsables pénaux, nous assimilons les peuples primitifs d'Afrique à cette catégorie. Nous les assimilons aussi à la catégorie des incapables juridiques, car, faibles d'esprits[22].

Cela découle de la définition de « non civilisés » attribuée aux peuples de l'Afrique centrale depuis l'époque de la traite par les Européens. Pour preuve, les européens se sont attribué la mission civilisatrice qui a dû les conduire au cœur de l'Afrique pour sauver –

---

[22]KIFWABALA TEKILAZAYA, J.P. : <u>Droit civil congolais, les personnes, les incapacités, la famille</u> : presses universitaires de Lubumbashi, les analyses juridiques 2008

selon leurs dires – les peuples engloutis par l'obscurité.

Admettons selon cette conception européenne sur les Africains, l'existence de deux sociétés différentes l'une de l'autre. Celle d'européens civilisés et celle d'africains non civilisés qualifiée parfois d'archaïque par des historiens coloniaux. Admettons également que la civilisation selon l'une de ses définitions par le dictionnaire français, soit l'ensemble de caractères communs aux sociétés évoluées, et que par opposition la non civilisation soit celui de caractères communs aux sociétés non évoluées d'Afrique, proche de la bestialité comme l'affirment de manière téméraire d'autres historiens. Nous pouvons déduire qu'à l'époque coloniale les Européens étaient déjà adultes aussi. Ils étaient déjà majeurs par rapport aux africains non civilisés qui eux, étaient encore mineurs. Et c'est pour cette raison que l'on voit les Européens déjà élégamment habillés, bien équipés d'armes à feu, parcourant déjà les océans par bateau et disposant de plusieurs autres équipements et matériels issus d'une technologie bien avancée. Ils disposaient déjà des connaissances géologiques sur d'énormes richesses dont regorge le sous-sol des territoires congolais et dont les propriétaires n'en disposaient que d'une manière insignifiante.

A cette époque, l'homme d'Afrique centrale se promène encore tout ou presque nu et utilise pour labourer la terre et chasser le gibier les outils les plus rudimentaires possibles. Il ignore encore la richesse que renferme son sous-sol. Ce déséquilibre que les uns attribuent à une supériorité congénitale de l'homme blanc sur l'homme noir, thèse à ce jour révolue, est plutôt attribuable à un évolutionnisme social à deux vitesses que subissent les deux sociétés différentes. C'est dans ce contexte évolutionniste que nous établissons la minorité de la société africaine non-civilisée et la majorité de la société européenne civilisée à une époque bien déterminée comme nous venons de le dire ci-dessus. A cette nouvelle notion de majorité-minorité doit correspondre celle de la capacité-incapacité juridique ou encore de la responsabilité-pénale.

Après modification de certaines dispositions relatives au chapitre de la capacité juridique par la loi n°87-010 du 01 août 1987, portant code de la famille, le législateur « Zaïrois » dans le souci de se conformer à la réalité du pays a fixé cette majorité à 18 ans. Le code belge d'application au Congo jusqu'à ce jour n'a pas prévu la notion de la capacité civile d'un peuple.

La capacité juridique d'un individu étant déterminée sur base de son évolution biologique, il serait souhaitable que le code pénal belge et même congolais puisse également établir la capacité juridique d'un peuple donné sur base de son évolution sociale. Notre avis sur ce point se convient qu'un peuple ne peut atteindre sa capacité juridique que lorsque la plus grande partie de ses composantes est scolarisée et s'il dispose d'élite intellectuelle considérable sachant lire et écrire, maîtrisant les connaissances de la géographie, des mathématiques modernes et des droits universels de l'homme tels que proclamés dans la chartes des Nations Unies.

Selon les théories Lamarckistes et Darwinistes, il s'avère que l'homme a évolué dans le temps seulement et non dans l'espace. C'est dans le temps qu'il est allé du singe à l'homme actuel en passant par l'australopithèque, le pithécanthrope et le Neandertal. Cela veut dire que le singe a biologiquement évolué de la manière homogène quel que soit le point du globe où il se trouvait.

Tandis que sur le plan social, l'homme a évolué dans l'espace selon le continent où il se trouvait. C'est la loi de l'évolution sociale qui règle cette évolution à deux vitesses comme nous l'avons dit ci-dessus. Cela explique l'affrontement de deux sociétés différentes au même moment de l'histoire. L'une évoluée et l'autre en voie d'évolution. A ce sujet, Léo FROBENIUS, chercheur allemand fait le constat suivant : « L'Afrique était encore en plein épanouissement des civilisations harmonieuses et bien formées[23] ».

C'est dans cet état de civilisation que la seconde rencontre s'est déroulée entre l'Afrique et l'Europe du XIIe et XVe au XVIIIe siècle. Ce chercheur poursuit son constat en ces termes : « Cette floraison, les conquistadores européens l'anéantissaient à mesure qu'ils progressaient ».

Le déséquilibre qui a existé au moment de conclure des traités entre d'une part l'européen civilisé et juridiquement capable, et d'autre part l'africain non civilisé et juridiquement incapable, étant suffisamment démontré, il est établi que

---

[23]DIKA-AKWA NYABAMBELA, P., Les problèmes de l'Anthropologie de l'histoire africaine. Editions CLE YAOUNDE 1982.

les traités en question sont sans valeur juridique.

Revenons cette fois sur la notion du traité pour dire avant tout qu'un traité signifie convention entre des particuliers ou entre un particulier et une autorité. Il signifie aussi un acte juridique par lequel des gouvernements d'Etats compétents établissent des règles ou des décisions. S'il y a eu des actes juridiques par lesquels blancs et noirs ont conclu au Congo la passation de la souveraineté des uns vers les autres, ces actes sont censés avoir été écrits de sorte à être interprétés par les deux parties.

Or à l'époque où arrivent les Européens au Congo, personne dans cette région ne sait encore ni lire ni écrire. Car ce sont les européens qui allaient scolariser plus tard les populations congolaises au nom de leur mission civilisatrice qu'ils s'étaient assignée. Mais en quelle langue ces traités ont-ils été rédigés ? Ont-ils été rédigés unilatéralement ? Quand bien même ils ont été verbaux, ces cédants ont-ils compris le sens de ce qu'ils cédaient ? Quel était leur état psychologique devant un être de couleur blanche, autrement habillé qu'eux et muni d'armes à feu ? Autant de questions qui méritent des explications de tous les conférenciers de

Berlin pour élucider le sens de l'occupation du bassin congolais et de l'exploitation de ses richesses afin de se blanchir des infractions de vol, d'escroquerie, d'extorsion et d'association des malfaiteurs dont ils sont coupables présumés.

Si l'aspect criminel des colonisateurs est encore démontré à ce niveau par l'incapacité juridique des africains, l'état psychologique qui efface la volonté déterminante des Congolais de céder leur souveraineté et leur ignorance de la valeur de la chose à céder sera clairement ressorti au chapitre relatif à la conquête du Katanga pour établir l'infraction d'extorsion commise par des blancs en s'appropriant des espaces riches en minerais qui étaient la propriété exclusive des Katangais.

Néanmoins, on ne reviendra plus du moins jusqu'à ce stade sur la nullité de soi-disant traités conclus entre l'A.I.C. et les chefs coutumiers indigènes largement démontrés.

4. La Conférence de Berlin.

Tout commença le 17 août 1884 quand les gouvernements Français et Allemands rapprochés par un danger commun conclurent le traité anglo-portugais du 26 février 1884, se concertèrent pour convoquer une conférence internationale. Le 06 octobre, les invitations furent lancées, tandis que la conférence proprement dite ouvrit ses portes le 15 novembre 1884 à BERLIN. L'objet de ce complot international était la réalisation d'un accord sur trois principes : Liberté de commerce dans le bassin du Congo, liberté de navigation et détermination des formalités nécessaires pour que les occupations nouvelles soient considérées comme effectives.

Après s'être mis d'accord sur certains points dont les délibérations durèrent plus de trois mois, les 14 pays membres qui participèrent au congrès aboutirent le 26 février 1885 à la signature de l'acte général de la conférence de Berlin.

Cet acte organisant le statut du Bassin conventionnel du Congo se présente de la manière suivante : « Toutes les nations jouiront désormais dans le Bassin du Congo, c'est-à-dire un territoire conventionnel compris entre l'Océan Atlantique et l'Océan indien d'une égale liberté commerciale. Seuls les droits de sortie pourront être immédiatement perçus, les droits d'entrée pourront l'être dans les vingt ans. Une commission internationale de contrôle veillera à assurer l'entière liberté de navigation. Pour qu'une occupation de territoire soit valable, il faudra à la fois une prise de possession effective et une notification diplomatique aux nations intéressées ». Parmi les puissances représentées à Berlin, seule la Turquie n'a pas signé pour la reconnaissance de l'A.I.C[24].

Le bon côté que l'on puisse tirer de ce congrès, ce qu'il ne consistait pas à régler la question de la souveraineté territoriale, mais à trouver une formule selon laquelle chaque puissance occidentale allait tirer sa part de profit du vaste territoire arrosé par le fleuve Congo et ses affluents. Le bassin du fleuve Congo contient une hydrographie qui a émoussé les espoirs de toutes les puissances occidentales. Cette magnifique et riche région serait la cause de la première guerre mondiale si l'Allemagne et la France n'avaient une idée d'un congrès international qui finit par calmer les jalousies des uns et des autres. Si la délimitation du bassin Congolais constitutif de l'Etat dit conventionnel présente une étendue d'une superficie de 2.344,50 Km², cela convient aux

---

[24]Encyclopédie du Congo-Belge op. cit. p.28

visées commerciales poursuivies par les capitalistes occidentaux. Car dans cette visée, le facteur quantitatif est substantiel.

Sur base de la connaissance scientifique d'énormes richesses que renferme le bassin Congolais, les occidentaux n'ont peut-être pas manqué de se dire que « Plus l'étendue de l'A.I.C. est vaste, plus l'intérêt à tirer sur son territoire est grand ». L'étendue d'un pareil chantier commercial n'a aucune raison de constituer un dogme sur base duquel on doit bâtir une nation. L'héritage des tracées géographiques constitutives d'un Etat d'intérêt national, ne constitue-t-il pas une bavure sur base de laquelle repose tous les conflits internes et externe du Congo ? Nous pensons que oui, car les preuves à ce sujet semblent quasi difficiles à réfuter. La première réside dans le fait que les colons Belges, dans le souci d'une main d'œuvre abondante, ont utilisé une grande partie du peuple Tutsi du Ruanda dans les plantations du café au Kivu. A leur départ, cette portion du peuple Tutsi est restée enfermée par des tracées géographiques arbitraires à l'intérieur d'un vaste territoire remis entre les mains des autochtones auxquels l'ordre a été intimé de maintenir tel quel en tant qu'Etat à caractère national[25].

Non seulement ces tracées géographiques les ont enfermés sur un sol étranger, mais aussi elles les ont séparés de leur souche ethnique qu'ils finirent par contempler d'en face sans pouvoir s'y rattacher.

Cette division d'un peuple par une simple ligne imaginaire qui engendre une nostalgie perpétuelle a déjà causé plusieurs fois des troubles internes dans l'Est du pays. L'ampleur de ces troubles qu'on appelle parfois Affaire « Banyamulenge » fait partie des causes de la guerre qui embrase aujourd'hui toute la région de grands lacs.

La deuxième preuve réside dans le conflit « Kasaiens-Katangais » qui a déjà fait à plusieurs reprises un grand nombre de victimes au Katanga. L'importation de la main d'œuvre Kasaïenne vers le Katanga à l'époque coloniale au bénéfice de l'Union Minière du Haut Katanga a été valable pour soutenir les actions économiques poursuivies par l'A.I.C. à une époque coloniale bien déterminée. Mais l'héritage

---

[25] Idem.

forcé de ce peuple étranger par la province du Katanga ne peut pas du tout se justifier par des raisons nationalistes qu'invoquent souvent les unitaristes congolais. Car il est indéniablement à la base de sanglants conflits interethniques survenus en 1960 et en 1993.

Reste à se poser la question de savoir si le bassin d'un fleuve est un facteur constitutif d'un Etat-Nation autant qu'il l'est pour un Etat conventionnel à caractère commercial. S'il en était ainsi, le Pérou, la Colombie, la Bolivie, le Paraguay et tous les autres pays limitrophes du Brésil constitueraient un seul pays qui s'appellerait « AMAZONE ». Car c'est l'ensemble de tous ces pays qui constitue le bassin de l'Amazone. L'Egypte, le Soudan et l'Ethiopie de leur côté constitueraient aussi un pays qui s'appellerait « NIL ». De même la Guinée, le Mali, la Haute-Volta, le Niger et le Nigeria arrosés par le fleuve Niger formeraient ensemble un seul pays.

Donc, le bassin du Congo a été aménagé en Etat conventionnel dans sa dimension actuelle pour des raisons purement économiques et commerciales au bénéfice des puissances qui s'étaient réunies en congrès à Berlin. Rien ne justifie sa transformation en

Etat-Nation. Et s'il peut le devenir à la longue, sa traversée par le fleuve n'en sera pas la raison.

Il faut aussi se poser la question de savoir si le gigantisme est un facteur déterminant pour la constitution d'un Etat-Nation. Nous pensons d'emblée que non. Autrement la nationalité Belge n'existerait pas car la Belgique est trop petite. Or le rapport dimensionnel entre ce minuscule pays et le Congo grand comme un sous-continent se mesure automatiquement sur le plan socio-économique. Ici le constat est que la Belgique est économiquement forte et socialement prospère et stable. Elle figure parmi les pays les plus industrialisés du monde.

Tandis que le grand Congo est économiquement très faible et socialement instable. Déchiré par des guerres internes et externes, ses populations croupissent dans la misère la plus noire qui soit. Il y a même lieu de déduire que cette misère est la conséquence du gigantisme du territoire qui l'abrite forcement. A la conférence de Berlin où l'Etat conventionnel (l'A.I.C.) a été délimité, il y avait la participation de quatorze puissances occidentales, mais pas un seul représentant du territoire à délimiter. Cette délimitation qui ne visait que les intérêts des seuls congressistes ne peut aucunement influencer la dimension de l'Etat congolais car celle-ci, doit dépendre de la réalité de ses populations. Par conséquent, la reprise dans cette délimitation d'une mosaïque des peuples et plus particulièrement de ceux du Katanga dont le territoire n'était encore ni conquis ni effectivement occupé par les émissaires de LEOPOLD II du moins jusqu'à cette étape de la conférence de Berlin, est une aberration (Cfr. Gilbert Mbangu, Le Katanga et son destin, p. 52).

La proclamation en 1960 d'un Etat-Nation est basée sur des tracées géographiques convenues pour réaliser le dessein néocolonialiste. C'est ce qu'illustre la déclaration faite par BISMARCK, président de la séance du congrès, trois jours après son ouverture : « Le nouvel Etat du Congo est appelé à devenir un des principaux gardiens de l'œuvre que nous avons en vue et je fais des vœux pour son développement de nobles inspirations de son illustre fondateur ». (Voir l'encyclopédie citée ci-avant p.28).

En effet, dans ce nouveau pays séparé de la mer par plus de 2000 Km, la question de transport s'est avérée primordiale. C'est dans cette perspective que la B.C.K., après avoir vaincu l'obstacle des cataractes de l'Ouest et relié l'Atlantique au réseau fluvial de l'intérieur en créant un chemin de fer allant de Matadi à Stanley-Pool, a rejoint vers le Sud la ligne des chemins de fer rhodésiens. Il s'est ensuite étendu au Nord. Et par Tenke et Dilolo a fait la jonction avec la ligne de l'Angola. Enfin, il a relié Bukama et les grands lacs pour atteindre Dar-es-Salam. S'il faut conserver l'étendue du Congo dans les limites actuelles et en faire un Etat-Nation, c'est parce qu'il correspond à la taille de cette géante infrastructure.

Le néo-colonialisme est avant tout un problème de nostalgie. Les occidentaux préfèrent conserver leur œuvre coloniale comme on conserve une œuvre artistique. C'est pour cette raison qu'ils préfèrent conserver l'étendue du Congo dans ses limites actuelles sans tenir compte des réalités socio-culturelles et géographiques des populations qui l'habitent.

L'essentiel pour eux c'est d'abord que cette étendue corresponde à l'infrastructure mise sur pieds au prix d'énormes capitaux et dans laquelle de centaines d'hommes toutes les races confondues ont trouvé la mort. Le transport du courant électrique d'Inga-Shaba vers le Katanga poursuit le même objectif. Le Katanga a suffisamment de sources hydro-électriques qui ont fait fonctionner l'ex-Union Minière sans aucun problème jusqu'à faire de la Belgique ce qu'elle est aujourd'hui. A notre avis, prendre le Congo conventionnel pour modèle d'un Etat-nation constitue une aberration de la part des néo-colonialistes.

CHAPITRE II. PRESENTATION DU KATANGA

Le Katanga, cette partie Sud – Est du bassin congolais, s'étend sur une superficie de 496.945 Km^2. Il a dû son nom au Chef d'un Village du même nom qui, à la fin du XIXe S. donna sa fille en mariage à M'SIRI, un jeune Chef Yeke dont nous allons parler avec plus de détails dans le présent chapitre.

Cette contrée se présente comme un cas particulier dont la spécificité de ses éléments identitaires la différencie nettement du reste du bassin congolais. Ces éléments tels que décrits dans le présent chapitre, sont plus que déterminants pour justifier le sens du sujet de cet ouvrage. Il s'agit d'abord de démontrer à l'aide de quelques données scientifiques et historiques que le Katanga a une physionomie à lui seul. Son panorama, sa faune, sa flore et son hydrographie ne sont plus que déterminants. Il s'agit ensuite de fournir aux lecteurs des explications sur son peuplement qui dans l'espace comme dans le temps s'est déroulé d'une manière particulière qui détermine ipso facto la culture spécifique qui caractérise ses populations.

1. LA PHYSIONOMIE DU KATANGA

a) Son panorama

Les éléments fournis sur les photographies aériennes de J. Cayet, CH. DESSART, R. MAILLARD et UMAR[26] présentent l'image d'une terre de contraste et d'uniformité où apparait un coin de plateau, une vue de savane boisée, un aspect de dépression marécageuse. Images qui illustrent des phénomènes infinis de nature, une brousse uniforme ne laissant paraître aucun mouvement du sol. Sur ces photographies apparaissent également plusieurs centaines de Kilomètres de plateaux fuyant vers un horizon semblable à l'étendue de la mer. Sur plusieurs degrés carrés, le climat tropical et sec qui règne au Katanga reste immuable. Sur des terrains unis, l'air chauffé par le soleil devient insupportable. Quant à la végétation, la savane boisée garde sur d'immenses étendues son visage de forêt claire où arbres et arbustes se confondent sur un tapis de hautes herbes.

---

[26]DESSART, C., <u>Images du Congo</u> : Editeur 31 Rue Montagne - aux - herbes- Potagers, Bruxelles.

Au-delà de 1600 mètres, c'est l'étendue de la savane qui apparait. Viennent ensuite des rivières qui changent de largeur sur leur parcours. Des fois elles s'étendent, d'autres fois elles s'étirent. Elles apparaissent parfois sous forme de vastes expansions marécageuses. Des chutes qui les barrent sur leur passage et d'autres phénomènes encore qui s'y ajoutent **montrent le plus haut degré de la finesse artistique qu'avait le créateur à l'heure de façonner cette contré**e.

b) La faune du Katanga

Selon EMILE Verleyen[27], la faune du Katanga comprend des rhinocéros noirs, des lions, des zèbres, des loups noirs et des guépards propres à la région et inconnus

---

[27]VERLEYEN, E., Le Congo patrimoine de la Belgique. Editions de VISSCHER, Bruxelles 13 mai 1960.

ailleurs au Congo, des buffles à grandes cornes, des cochons roux, des aardvarks, des singes bleus et gris, une espèce de babouins et de demi-singes appelés galagos.

La galago ou grand lémurien à longue queue a les membres postérieurs plus longs que les antérieurs. Le pelage épais et gris sur les flancs. Légèrement rouge sur le dos et couleur crème sur le ventre et à l'intérieur des membres. C'est une particularité de ces animaux que les femelles ne mettent bas qu'un seul jeune. Ils ont la taille d'un chat avec une grosse queue longue d'au moins 25 cm : la tête est grande et le museau pointu. Rapaces, ils se cachent pendant le jour dans les arbres. Ils se nourrissent d'insectes et de petits animaux et au besoin des fruits.

Au nombre des antilopes se rencontrent certaines espèces connues au Ruanda-Urundi, mais inconnus ailleurs au Congo. Mentionnons l'antilope chevaline, l'antilope élan, l'impala, l'oréotrague sauteur, le sassaby, l'antilope noire, le lechwe, le Kudu et le Nyala.

Le sassaby ou tsessembe est un habitant de la savane de la région de Sakania.

On trouve dans cette région une grande variété d'oiseaux : la grue couronnée, le francolin, le touraco, le jaribu d'Afrique, les hérons noirs. La cigogne au bec échancré au bec ouvert est une espèce rare qu'on rencontre dans le parc d'Upemba. Ces oiseaux migrateurs peuplent entre autres l'Uele et l'Ituri d'octobre à janvier. Dans la région du lac Upemba, on en rencontre qui mènent une vie sédentaire. Ils sont rares dans la région équatoriale.

c) La Flore du Katanga[28]

Le Katanga ne possède pas de végétation luxuriante de la cuvette Congolaise ni celle de régions volcaniques de l'Est. La zone située à l'Ouest de la ligne de séparation des cours de Lualaba et du Lomami est cependant une région boisée aux massifs riches, touffus et hauts qui couvrent des superficies souvent supérieures à 3.000 ha. Au lac Tanganyika, la forêt des montagnes n'est que faiblement représentée sur le sommet de plus de 1.000 mètres d'alt : il en

---

[28]VERLEYEN, E., op cit P.410

est de même dans le mont Mugila près de Pala, ainsi que dans la région de Toa.

Le Katanga est surtout une région de savane dont l'aspect diffère selon la constitution du sol et l'activité humaine. Dans le Haut-Katanga domine la savane boisée et arbustive aux immenses plaines herbeuses claires, dans le moyen-Katanga, la savane boisée présente plutôt les caractéristiques de la forêt équatoriale, tandis que l'Ouest qui fait à proprement parler partie du Kasaï, offre plutôt l'aspect d'une savane herbeuse à galeries forestières et massifs d'arbres ; l'Est au contraire est couvert par une savane boisée et par une savane arbustive qui se transforme progressivement en savane herbeuse. Surtout dans le Haut-Katanga, les massifs d'arbres de la savane se caractérisent par des troncs relativement élevés mais non tout à fait droits, de même que par leur ombre légère malgré la densité relative. Après la période de sécheresse, pendant laquelle certains arbres perdent leurs feuilles, apparaît une jeune verdure de toutes teintes et nuances, le jaune et vert clair alternent avec le rose, le rouge et le violet, même l'olive et le bronzé, de telle sorte que le printemps du Katanga fait penser à l'automne des régions Européennes.

d) L'hydrographie du Katanga

La rivière Kafubu prend sa source à l'Ouest, aux environs d'Elisabethville. Après avoir accueilli cette rivière, le Luapula devient une rivière très régulière, navigable depuis Kasenga sur une distance de 275 Km, y compris la partie à travers le lac Moero, jusqu'à Pweto. Kilwa est une île. Elle fut cédée à l'Angleterre en 1894 non sans contestation à cause de la gêne qu'en éprouvait notre navigation.

Lac Moero

Autrefois, les eaux du lac Moero couvraient, à la suite de mouvements tectoniques, une surface bien plus grande que les 4.500 Km^2 d'à présent. Le niveau de ses eaux était à cette époque vraisemblablement situé à plus de 1.000 m d'altitude. Mais l'évacuation vers Lualaba étant devenue possible par la gorge de la Luvua, le niveau descendit à 920 m et le bassin se rétrécit. Le lac n'a guère de profondeur.

Luvua

La Luvua sort avec impétuosité du lac Pweto et s'élance à travers les monts KIBARA. Les chutes et les rapides se succèdent. Depuis Kiambi la rivière devient navigable sur une distance de 160 Km et traverse une vaste vallée pour aller se jeter dans le Lualaba à Ankoro.

Plus loin se trouve un petit port de Muyumba, terminus d'une ligne de chemin de fer de 55 Km, qui relie le fleuve à un centre industriel important ; les explorations d'étain de la compagnie géologique et minière des ingénieurs et industriels Belges (Géomines) à Manono Kitotolo.

Le noyau de la région stannifère du Congo se trouve au Katanga, le long du bassin cuprifère. La GEOMINES a été créée en 1910. Une première exploitation modeste a fourni une quantité de cassitérite aux alliés durant la guerre 14-18.

Lufira

Au-delà du lac, la Lufira se jette dans le Lualaba, après un cours extrêmement mouvementé. Le confluent est situé à 500 m d'altitude. Plus en amont, sur la Lufira se trouvent les **chutes de Kiubo;** dans un paysage d'une sauvagerie étrange, les eaux tombent d'une hauteur de 35 m. Plus loin encore, la rivière serpente par une large vallée limitée d'un côté par le plateau de la Manika, de l'autre par celui de Kundelungu. Ici la Lufira roule ses eaux qui se jettent avec fracas à Kilobo, dans un gouffre de 300 m.

En amont de cette plaine marécageuse, les rapides de la Lufira et des chutes qui atteignent jusqu'à 50 m de hauteur ont creusé un chenal à travers les monts Koni. A 7 Km de distance se trouvent MWADINGUSHA et les chutes Cornet dont la hauteur est de 113 m. Le barrage dressé par la Société Générale des Forces Hydro et du Katanga (SOGEFOR) au profit de l'UMHK a transformé la plaine en amont des chutes Cornet en un lac de retenue de 425 Km^2, soit un bassin d'une capacité de 5.000900 million de m^3 d'eau.

Le lac UPEMBA

Le lac Upemba, une expansion fluviale du Lualaba, a donné son nom au graben ainsi qu'au Parc National de Upemba. Ce parc, qui couvre 1.173.000 ha est la réserve naturelle la plus vaste de la colonie.

Le parc Upemba est plus boisé que les parcs nationaux de la Kagera et de la Garamba, il est aussi plus varié. Situé en grande partie dans le graben de l'Upemba, il comprend la majeure partie des lacs Lualaba, Kisale et Upemba, le lac Kabwe dans sa totalité, les cours inférieurs de la Lufira depuis les chutes de Kiubo de la région de la Munge et de la Luingila, toutes deux affluents de la Lufira et au Sud-est les contrefort des monts Kibara.

La faune y est riche mais encore insuffisamment connue : **Zèbres, (Sangliers à verrues et oryctéropes** dans la région des monts Kibara) **Eléphants, Buffles, Lions, Antilopes noires, Antilopes chevalines, Elans, Kudus, Bubales** et autres antilopes dans la savane de Lufira ; **Hippopotames et Crocodiles** dans les vastes marécages à papyrus où flottent des salades du Nil. Dans cette réserve survivent encore quelques spécimens de **Rhinocéros noirs**.

Près de Bukama la Lubudi amère ses eaux. Un peu en amont, au-delà de Bukama, se trouvent **les chutes de Kalongwe.** Du point de vue hydrographique, le Katanga appartient actuellement au bassin du Congo ; dans les siècles passés, il formait peut-être un bassin antérieur autonome dont le lac Bangwelo était probablement le centre. Les mouvements tectoniques anciens ont causé l'originalité géographique qui persiste de nos jours. Des activités souterraines, sensibles, surtout au Sud, ont fait surgir dans le bassin du Katanga une crête qui divise la région en deux zones : au Sud, des hauteurs accidentés, au Nord des surfaces unies.

Petit à petit, des forces érosives ont effacé cette différence, uniformisant les deux zones qui ont pris l'aspect d'une vaste pénéplaine unique. A une époque plus récente, difficile à déterminer, des nouveaux plissements ont brisé l'uniformité. Au sud la pénéplaine n'a guère changé d'aspect, la plaine ondulée, parfois montagneuse, du Haut-Katanga s'élève à 1.450 m d'altitude ; le nord, où se sont dessinés de grands effondrement est plus accidenté.

La région du nord-ouest limité de l'ancien bassin intérieur, forme actuellement un plateau remarquablement uni. Le plateau de la Manika (Biano) s'étend sans interruption depuis le Lualaba, au sud-ouest, jusqu'à la vallée de la Lufira au nord-est, et se poursuit de l'autre côté de cette vallée dans le massif montagneux de Kibara-Mulumbe.

Il se rattachait probablement jadis aux plateaux du Kundelungu qui s'étendent du Nord au Sud dans la partie orientale du Katanga. Tous ces massifs montagneux, restes de l'ancienne pénéplaine, forment aussi des plateaux qui s'étendent vers les horizons lointains et sont situés à des altitudes de 1000 à 1800 m. La région de Marungu située entre les lacs Moero et Tanganyika, et qui constitue réellement la crête occidentale de grand graben , s'élève en certains endroits à plus de 2.000 m. Les parties intermédiaires affaissées, sont des terres basses qui, telle la plaine de Kamalondo, atteignent à peine 560 m d'altitude; dans les vallées de la Lufira et du Moero-Luapula, elles s'élèvent respectivement de 800 à 1.000 m et de 950 à 1.100 m.

La région des Marungu est un vaste plateau, où jaillissent les sources de plusieurs cours d'eau, entre autres, celles de la Luvunzo, qui se jettent dans la Luvua, et celles de la Lunangwa, de la Lufuko et de la Lobozi qui appartiennent au bassin du Tanganyika.

La région des KIBARA-MULUMBE, située dans le bassin de Kalumengongo, est d'un pittoresque sauvage. Près de Mwemo, à 1.020 m d'altitude, la rivière coule dans une profonde crevasse, contourne les monts Kibara et roule ses eaux tourbillonnantes à travers un étroit passage des monts Mulumbe coupé des cataractes. A 25 Km de distance de Mwemo, la différence de niveau atteint 340 m, à quoi il faut ajouter 100 m près de Mupundu, où jaillissent des sources d'eau chaude sulfureuse. Au-delà de Kina commence une vallée détrempée qui, passé Komeshia, se transforme en des marais à papyrus. Enfin, la Kalumengongo se jette dans le lac Kabamba. Le cours supérieur d'un affluent, la Manda est non moins mouvementé : s'élargissant après avoir traversé une crevasse profonde de 250 m, il s'élargit en une vallée marécageuse. Près de Kongo, toute la région s'affaisse : là s'étendent les monts Mulumbe, qui se poursuivent dans la direction du Nord-est, à une hauteur d'environ 500 m. La Manda y descend tumultueusement vers la

Kalumengongo : à 15 Km de distance, près de Tambo, au pied des monts Mulumbe, la différence de niveau est de 600 m. La plus belle chute de la région est incontestablement celle de la **Dibanga,** affluent de la Lubumbu qui bondit d'une hauteur de 500 m.

Les hauteurs du KUNDELUNGU région de plateaux et de montagnes entre Luapula – Moero et la Lufira, longue de 250 Km et d'une largeur variable de 50 à 100 Km se terminent en direction de cette dernière vallée par des escarpements qui apparaissent de Lukafu jusqu'à Sampwe. Au nord, à l'est et au sud, la région est coupée de vallées profondes entre les hautes montagnes. Au Sud, les contreforts de montagnes se sentent dès Katofio ; au Nord, ils arrivent jusqu'à Gwela, sur la moyenne Lubula. Les hauteurs donnent naissance à de nombreux petits cours d'eau qui se confondent en des rivières, lesquelles se caractérisent par un grand nombre de cataractes : c'est le cas de la Lubule qui amène ses eaux à la Luvua : de la Lufukwe, qui se jette dans le lac Moero ; de la Lualaba, de la Luize, de la Lutipuka qui appartiennent au bassin du Luapula ; de la Lofoi, de la Kasanga, de la Luishi, qui sont recueillies par la Lufira.

Au Nord s'est donc opéré un véritable harcèlement de l'ancienne pénéplaine. Les dépressions sont séparées des terres élevées par des escarpements abrupts. Les eaux souterraines ont creusé de nombreuses grottes, les rivières, dont la force érosive a augmenté sans cesse, écument impétueusement dans leur lit étroit ou tombent par bonds sauvages dans de grandes profondeurs. L'hydrographie du Katanga méridional en subit le contrecoup. Les fractures provoquées dans le plateau de Manika (Biano) et les monts Kibara rendirent possible la captation des cours inférieurs du Lualaba et de la Lufira en Haut-Katanga par les parties inférieures de ces cours d'eau, tandis que la Luvua doit avoir opéré de la même manière avec les eaux du lac Moero et, de ce fait, avec celles du Luapula et du lac Banguelo.

C'est de cette façon que Verneley cité ci-haut a décrit les merveilles de l'hydrographie du Katanga.

e) Le climat du katanga

Selon les données climatiques de l'ouvrage intitulé "Congo patrimoine de la Belgique cité ci-avant" qui remonte aux années 1930, le climat du Katanga est dans son ensemble du type soudanais à deux saisons nettement tranchées, l'une un peu plus longue que l'autre et se succèdent assez brusquement. Au Nord et à l'Ouest, la saison sèche se réduit de plus en plus pour finir par se limiter aux mois de janvier et de février. Vers la frontière du Sud se fait sentir le climat Sénégalais, avec un seul maximum de précipitation. Il va de soi qu'ici comme ailleurs, l'altitude de chaque contrée détermine en grande partie les facteurs climatiques !

Dans les dépressions, le climat est généralement chaud, même étouffant et souvent nébuleux ; les plateaux sont soumis à l'influence des vents alizés. Là, le givre n'est pas rare ni les gelées ; le ciel, parfois d'un bleu clair et contrastant vivement avec le ciel couvert qui accable souvent le paysage tropical, permet au regard de porter à plusieurs dizaines de kilomètres. Les hauts sommets de la zone orientale connaissent un climat montagneux relativement modéré, mais néanmoins humide.

La période des pluies va en général d'octobre à avril ; les plus fortes précipitations se produisent en décembre et en janvier. Les pluies torrentielles tombent tous les deux ou les trois jours vers le soir et durent plusieurs heures. Les orages sont particulièrement nombreux de décembre à mars. Pendant la saison sèche des températures de 29°C furent enregistrées à l'olvo. La nuit, elles tombent à ±40°C encore. En septembre et octobre c'est-à-dire au début de la saison des pluies, la chaleur monte à 30°C vers midi, et la température ne descend pas plus bas que 8°C durant la nuit. Avec l'échauffement climatique observé sur toute la planète à ces jours, ces données sont en train de changer sensiblement.

2. LE PEUPLEMENT DU KATANGA.

En abordant le problème du peuplement, non seulement nous voulons expliquer comment, quand et par qui le Katanga fut peuplé, mais aussi nous voulons établir la différence qui existe entre le peuple Katangais et celui du reste du bassin Congolais. Pour arriver à ce résultat, seule une approche comparative qui nous plonge dans l'histoire de l'immigration des peuples africains a pu nous mieux inspirer.

Selon les travaux dirigés par Emile MWAROHA sur «l'histoire du Burundi[29] », il apparaît que la partie orientale, le Kivu, le Kasaï, le Bas Kongo et l'Equateur, sans parler de leur occupation antérieure par les semi-bantous, furent peuplés par les bantous venus du Nord. A partir du foyer initial des bantous, situé dans la région de Binoue, un essaimage s'était déroulé d'une part, le long de la rivière septentrionale de la forêt équatoriale dans la région des Grands Lacs où s'est formé un second foyer, d'autre part vers le Sud jusqu'au Nord de l'Angola. En contact avec d'autres populations, les bantous phones venus de la savane boisée de la région orientale pour rayonner au premier millénaire avant notre ère dans la région de Grands Lacs, ces nouvelles populations ont de nouveau immigré. Contournant la forêt par le Sud, une partie a rejoint les néolithiques du Bas Congo en passant par le Kasaï.

C'est durant la deuxième moitié du premier millénaire de notre ère seulement que

---

[29]MWA ROHA, E., Histoire du Burundi, Edition Hatier, Paris, avril 1987,

les savanes du Katanga se verront peuplés aussi. Les habitants du Katanga sont d'abord les bantous, métis des hamites et des négrilles. Ceux-ci sont issus de la progression du courant occidental vers les savanes du Katanga et de la Zambie où s'établit un troisième foyer bantou. Cette progression s'étendit à partir de l'an 1000 sur tout l'Est du continent.

Cette vague quasiment récente de l'expansion Bantou explique entre autres l'homogénéité des langues de l'ensemble orientale, du Kenya à l'Afrique Australe. C'est le cas de la langue swahili parlée au Kenya en Tanzanie, au Katanga... Viennent ensuite les envahisseurs descendus du Nord pour trouver refuge dans la savane Katangaise. Parmi ces nordistes figurent les fugitifs du Biafra que décrit prince BIKA-AKWA NYA BAMBELA dans son ouvrage intitulé « Les problèmes de l'anthropologie et de l'histoire africaine ». Selon cet auteur, à partir du « mouvement Changala[30] » ayant comme point de départ l'Egypte pharaonique, et qui a été provoqué par le passage d'Axoum à l'hégémonie sur la mer rouge dès la destruction de Méroé au IVe siècle, la perte du monopole commercial des Ngala sur

---

[30]BIKA-AKWA NYA MBAMBELA, P., OP. Cit.. p.125

le port d'Adoulis et leur refus des influences chrétiennes, les Ngala ou Kara ont dirigé les foules au Sud de la Libye. Après plusieurs étapes, les fugitifs de Biafra bâtissent le royaume de l'Amenoua sur la Bénoué et d'autres gagnent le Katanga alors peuplés au VIIIe siècle.

Plus loin encore, l'auteur décrit deux autres mouvements ALMOHADE et INJANGA. L'Injanga est défini ici comme une sainte révolution qui a secoué l'Afrique Centrale méridionale du XVe siècle, au XVIIIe siècle. Parti des montagnes de Lion, chaîne du Mont-Cameroun en passant par l'Est de l'Oubangui, le Kenya et la Tanzanie, ce mouvement a entre autre amené les Mongo (voir royaume Mongo) au Bandundu et a renforcé les empires Lunda et Luba du Katanga. Selon d'autres sources, les empires Lunda et Luba appartiennent au cercle culturel du Congo Méridional fortement apparenté aux cercles du Zambèze et de l'Angola. Les vrais fondateurs de ces Etats féodaux si caractéristiques auxquels s'ajoute l'empire Kuba sont des envahisseurs appartenant aux classes seigneuriales rhodésiennes. Ces groupes originaires de la côte Est, porteurs d'une civilisation supérieure pénétraient dans les pays à travers la Rhodésie Sud.

Le peuple Katangais est le résultat de toutes ces étapes des mouvements migratoires qui, dans l'espace comme dans le temps, se sont déroulés différemment dans d'autres territoires du bassin Congolais. Les Katangais c'est aussi ce brassage de peuples immigrés dont le processus de métissage a produit après plusieurs siècles, un peuple d'une culture relativement homogène, qui se regroupe autour de l'empire Luba, l'empire Lunda et le royaume Bayeke. Ces trois organisations constituent d'authentiques nations traditionnelles du Katanga.

3. LE KATANGA PRECOLONIAL

Le territoire congolais actuel est le résultat du découpage de l'Afrique par les colonisateurs comme nous l'avons déjà dit. Mais la tâche d'en faire une nation ne nous semble pas du tout facile pour ceux qui soutiennent le nationalisme congolais. Parce que ce découpage a fait fi de certaines normes fondamentales qui conditionnent tout nationalisme. Faire de ce territoire une méga nation au détriment des nations traditionnelles qui ont existé jadis et sur base de laquelle on cherche à asseoir l'idéologie d'un certain «nationalisme congolais authentique » que le régime de MOBUTU a essayé de défendre à cor et cri est une démarche qui demande beaucoup de temps.

S'il existe un nationalisme authentique au Congo, celui-ci se trouve dans les nations traditionnelles. Comme partout en Afrique, les populations Katangaises étaient jadis regroupées autour de deux grandes organisations que sont l'empire Lunda et l'empire Luba auxquelles s'est ajouté le royaume Bayeke. De telles organisations disons-le, ont également existé dans d'autres régions du bassin congolais. C'est le cas de l'empire Kuba au Kasaï, du royaume Kongo au Bas-Congo et du royaume Mongo dans la région de Bandundu. C'est au sein de ces organisations qu'existe le véritable nationalisme que Monsieur MOBUTU aurait à juste titre qualifié d'authentique. A ce propos, voyons ce qu'ont été les nations traditionnelles du Katanga.

a) L'empire LUBA

Le premier grand chef du pays situé en aval du fleuve Lualaba – Kunsikwa Lualaba en Kiluba- était NKONGOLO MUKULU. Certaines légendes disent de lui qu'à son passage les herbes prenaient la couleur de l'arc-en-ciel. NKONGOLO était de teint rouge. Selon certaines traditions, son père TWITE KAZARI (Kimungwa – Bukalanga) serait venu de la région de Kigoma au-delà du lac Tanganyika. NKONGOLO quitta son village avec ses hommes et réduisit tous les chefs des villages qu'il rencontra. Pour occuper une région conquise, il y laissait une partie de ses hommes. Presque simultanément un autre chasseur-guerrier du nom d'ILUNGA-BIDI KILUWE, quitta son pays pour parcourir la région située entre le Lualaba et la Lubilanshi. Il finit par rencontrer NKONGOLO qui s'était établi à la Lubilanshi (confluent de la Lomami) près de Mato au village de Kamina. Sa mère NSUNGWA KASEYA et ses deux sœurs BULANDA et MABELA y habitaient avec lui. NSUNGWA KASEYA serait une hemba[31] ILUNGA BIDI était de teint noir très foncé, « fututu » en Kiluba qui signifie noir comme la nuit.

ILUNGA BIDI bénéficiait d'une considération de grand chef parce qu'il maîtrisait la connaissance des tabous des

---

[31]Hemba-Bahemba (au pluriel) – une tribu du Katanga disséminée au Nord de la Province dans les territoires de Kongolo, Kabalo et Kalemie situés entre le Lac Tanganyika et le fleuve Lualaba.

dignitaires qui semblaient échapper à NKONGOLO. Quand il mangeait par exemple, les femmes devaient se retirer pour le laisser seul ; on lui apportait publiquement de l'eau pour se laver etc.... Il y avait une méfiance réciproque entre les deux hommes.

Un homme de la cour mettait une des deux sœurs de KONGOLO à la disposition de MBIDI KILUWE.A cause du climat d'antagonisme entre les deux chasseurs ILUNGA finit par fuir son adversaire. A son départ, MBIDI KILUWE dit à son hôte au sujet de BULANDA devenue enceinte, que si elle accouchait d'un enfant de teint noir, il serait à lui, tandis que si l'enfant serait de couleur rouge, il serait à NKONGOLO. BULANDA accoucha d'un garçon tout noir qui reçut le nom de KALALA ILUNGA. Ce nouveau-né fut l'objet de tant de légendes abracadabrantes. On dit par exemple qu'il naquit le matin, et le soir il serait déjà avec un arc et plusieurs flèches. Il connut une croissance remarquable en toute chose. Il fut plus fort, plus redoutable et plus téméraire que ses compagnons d'âge. Un jour, alors qu'il s'engageait dans de rudes luttes contre ses compagnons d'âge, il osa s'en prendre à son oncle NKONGOLO. Au bout des luttes acharnées, il parvint à l'envoyer au tapis. La victoire d'ILUNGA sur son oncle fit rire sa grand-mère comme une baleine. Ce rire aux éclats accompagné des applaudissements fut considéré comme un affront par NKONGOLO. Epris par la colère, il fit enterrer sa mère vive. Ce fut le prix d'un rire sarcastique qui se transforma en proverbe devenu courant chez les Baluba : On dit désormais à quelqu'un qui rit aux éclats et sans arrêt en parlant d'une moquerie : « Wasepakisadimalwa, kyasepele Ina Nkongolo » qui se traduit par « Tu ris aux éclats comme avait ri la mère de Nkongolo[32] ».

Il paraît que le sens de l'honneur était très élevé chez NKONGOLO. Pour une juste vengeance l'exécution de sa mère ne suffisait pas, il fallait tuer son neveu, auteur de son infamie. Comme ILUNGA était un danseur talentueux, son oncle n'opta pas pour le duel pour se venger, mais pour un piège. Un jour, il l'invita à exhiber en public la danse d'investiture au bout de laquelle il serait proclamé chef. Or NKONGOLO avait préparé un piège à l'endroit où le spectacle allait se dérouler. Il s'agit d'un puits où des lances ont été plantées pointes en l'air et couvert de

---

[32]Anonyme, s. l., s. d.

nattes. Mais le soir, au moment de la danse, un frappeur de tambour qui accompagnait la danse appliqua un code qui consistait à prévenir le danseur. C'est ainsi qu'il parvint à échapper au piège. Car subitement il lança son javelot sur le tapis de nattes et le perça. KALALA ILUNGA prit la fuite et suivit son père.

Il revint tard avec un groupe de gens. NKONGOLO l'ayant appris se retira pour se cacher. Il fut trahi par BULANDA sa sœur et mère d'ILUNGA, et fut mis à mort. Sa tête et ses parties sexuelles furent séchées et déposées dans un panier sacré devenu le symbole dynastique de l'empire Luba. Ainsi fut fondée la dynastie Luba par ILUNGA KALALA.

NKONGOLO et ILUNGA BIDI furent de véritables envahisseurs. Ils parcouraient le pays et laissèrent leurs hommes dans les territoires conquis. Leurs fils KALALA ILUNGA devint à son tour un grand conquérant et premier grand empereur des Baluba Shankadi. L'empire connut une grande organisation militaire, politique et sociale. Il s'étendit jusqu'à Kabalo et la

Lukuga au Nord, à Kolwezi au Sud, à l'actuel Kasaï à l'Ouest et au Tanganyika à l'Est.

b) Empire LUNDA

Dans son ouvrage intitulé histoire des ALLUNDA, Léon Duyster[33] rapporte ce qui suit : L'empire Lunda fut fondé au XVIe siècle par MWAKU. Sa tradition remonte jusqu'au XIe siècle, début XIIe siècle. Quand la pénétration européenne se limitait aux comptoirs commerciaux portugais et hollandais implantés le long de la côte atlantique. Son berceau se trouve à Nkalany et son affluent Kajidiji.

Selon la tradition : Il y a très longtemps que les ancêtres Lunda vivaient à la Nkalany et son affluent Kajidiji. C'est là que « Tshinawej Sakatang », qui signifie Dieu le créateur, les avait placés et qu'il leur avait donné les chefs, « les Tubung ». Ceux-ci vécurent longtemps en paix et écoutaient la voix du plus ancien d'entre eux, MWAKU. Il n'y avait pas de grand village, car les arund vivaient dispersés par familles. Les femmes savaient faire des poteries en terre cuite. Les

---

[33]DUYSTERS, L., des Aluunda problèmes d'Afrique 1958-II.

hommes confectionnaient les nattes, les filets de chasse, les nasses de pêche. Quelques-uns travaillaient le fer et fabriquaient des houes, des haches, des couteaux, des lances et des flèches. Ils ne connaissaient pas de guerre tout autour d'eux, le pays était calme. A la mort de MWAKU, son fils YAL A MWAKU lui succéda et prit des insignes : Kazekil (anneau porté au bras), Rubemb (double cloche sans battant), munangmond (tambour) et nong (un sac en forme de pochette qu'on attachait à la ceinture). YAL A MWAKU vécut en paix et vit se multiplier ses enfants. Lorsqu'il mourut très vieux, les Lunda étaient déjà nombreux.

YAL A MWAKU eut deux fils, SAKALEND et NKOND. A sa mort NKOND lui succéda, reçut le kazekel et autres insignes et prit la première place dans l'assemblée des Tubung. NKOND eut deux fils : TSHINGUD et TSHINYAM et une fille RUWEJ. A cause d'un incident malencontreux qui avait opposé les deux fils à leur père, à la mort de celui-ci, c'est RUWEJ qui lui succéda à la place de ses frères.

RUWEJ devenue chéfesse, ses deux frères observèrent dorénavant la coutume de DIKAL qui signifie un geste de vénération.

Tout allait au mieux jusqu'à l'avènement du mariage entre RUWEJ et un chasseur émigré de l'empire Luba du nom de TSHIBINDA ILUNGA.

TSHIBINDA ILUNGA est petit-fils de MBIDI KILUWE, premier chef des Baluba. Son frère ILUNGA WA LWEVU, deuxième successeur de ILUNGA MBIDI KILUWE après ILUNGA MWENE MUNZA, devint jaloux parce qu'il était meilleur chasseur que lui. Alors que ce frère jaloux régnait comme chef, il l'insulta un jour, lui reprochant de ne s'occuper que de la chasse alors que lui et les autres partaient en guerre. Pris de colère, il décida de quitter ses frères près de Lualaba, pour aller ailleurs chercher le gibier. Dans sa suite il y avait TSHIBANDAMA, MWADI MWISHI, MWADI KARUMBU et leurs familles. De là, ils franchirent la Lomami, puis la Lubilanshi traversant des terres inoccupées. Et en chassant toujours, ils sont arrivés dans le pays des Arund. Là, après avoir entièrement vidé le vin de palme dans une calebasse qu'il avait découverte en brousse, le Kabung Ngwadi, propriétaire du vin l'a découvert après avoir suivi ses traces.

Lors de sa présentation devant RUWEJ, TSHIBINDA ILUNGA qui était grand de taille, jeune et beau plut à la souveraine qui décida de l'épouser. TSHINYAM et TSHINGUDI qui ne rendaient hommage qu'à la seule chéfesse RUWEJ l'appelèrent désormais beau-frère. Un jour RUWEJ eut ses règles, elle enleva son anneau pour le placer dans (la Nsapuyarupit) la corbeille sacrée suspendue devant son lit avant de se retirer dans sa case appelée « Mwak » selon la coutume. Après ses menstrues, elle reprit son anneau et le passa au bras de TSHIBINDA ILUNGA devant l'assemblée des Tubung. Comme le pouvoir fut passé aux mains d'un étranger, RUWEJ exigea que ses frères rendissent désormais hommage à ce dernier. Indignés par le comportement de RUWEJ, TSHINGUD et TSHINYAM préférèrent se rendre en exil que rendre hommage de DIKAL à un Muluba.

TSHINGUD émigra avec un groupe de gens. Ils rejoignirent le Kwango après avoir traversé la Lwiza puis la Lulua et le Kasaï le Kayila, traversé aussi la Lwembe, la Lulweji et la Tshikapa. Ses gens s'appelèrent Imbangala. Son frère TSHINYAM émigra à son tour avec ses partisans remontant la rive droite de la Nkalany, puis la Lwiza. Il contourna ensuite la source de Kaungeji. De traversée en traversée, il finit par rejoindre les sources de Zambèze et y installa son village MazezeTshinyama. C'est lui qui formera le groupe ethnique des Alwena après avoir livré la guerre aux amboella, et à placer les chefs dans toute la région comprise entre les sources de Lualaba, la Zambèze et le Kasaï.

Un autre groupe se détacha de celui de TSHINYAM pour se rendre dans la région située entre Kasaï et Kwango où il forma la tribu des Chokwe. Ce fut le premier exode. Plusieurs familles ont suivi le chemin de l'exode entraînant la diminution des sujets de RUWEJ. Cette dernière était stérile. Après une longue période d'union avec TSHIBINDA ILUNGA sans lui donner de descendants, elle lui donna KAMONGA RUWAZ comme deuxième femme. Celle-ci lui donna un fils, NAWEJI. Avant de mourir, TSHIBINDA qui connut un assez long règne rendit à RUWEJ son anneau et désigna NAWEJI pour lui succéder. Désormais on eut un chef qui s'appela MWANT LUSENGE NAWEJ qui constitua un trait d'union entre le peuple Lunda et le peuple Luba. Il est un représentant biologique des Baluba dans la dynastie Lunda.

Ce nouveau chef énergique et intelligent mit en place une organisation militaire et politique très puissante dotées d'une hiérarchie qui se développa sous le règne d'un de ses fils qui lui succéda et qui fut le premier à prendre le titre de Mwant Yav.

Le deuxième exode est celui qui va étendre l'empire Lunda vers le Lualaba, le lac Moero et au – delà de Zambèze. Il a commencé par l'envoi d'une expédition Lunda par le Mwant Yav vers le Sud. Cette expédition fut composée de Kazembe Mulanda, Kazembeya Kaumbu et le Mukonkoto, tous parents du MWANT YAV NAWEJI qui venait de succéder à MWANT LUSENGE NAWEJI. Ceux-ci conquirent la région de la Lukoshi où Kazembe Mulanda soumit le Makozo. Le Mukonkoto remonta vers le nord, atteint la rivière Lweo et soumit les tuudi. Le Kazembeya Kaumbu se dirigea quant à lui vers l'Est et envahit la région occupée par les Baluba qui avaient franchi le Lualaba à la quête du sel. A part les salines, ces Baluba avaient aussi des mines de cuivre où ils fabriquaient des croisettes par des coulées. Bien que cette invasion Lunda chassa les Baluba qui retournèrent au-delà de Lualaba, MWILE chef des fabricants des croisettes et

NAKATEBA, chéfesse du sel estimèrent demeurer près de leurs richesses. Ils se soumirent devant les envahisseurs. C'est l'origine des Basanga de Lualaba.

Une autre expédition Lunda fut envoyée un peu plus tard. Elle fut dirigée par le Kazembe mu Nkinde. Celle-ci fonça plus loin encore pour s'installer finalement près du Lac Moero après avoir conquis les terres d'un chef Luba du nom de NKINDA situées aux sources de Lualaba. L'autre expédition fut celle de KAZEMBE MUSHIDI. Celle-ci ayant été dirigée vers le Sud-est après avoir traversé la Mukuleji, elle se dirigea vers le Sud pour finir par s'installer au-delà de la Zambèze où il s'imposa.

Le deuxième exode Lunda a donné lieu à une expansion considérable de l'empire. Il est à la base d'un sous-ensemble appelé royaume de Kazembe qui s'étend jusqu'au Luapula. Le peuple Basanga constitue l'essentiel de ce sous-ensemble de l'empire. Il est composé des gens ayant une souche essentiellement Lunda. Il doit son nom au fait que des personnes venues à la suite de Kazembeya Kaumbo arrivaient aux croisements des routes (Mansang en Lunda) et devaient y demeurer pour attendre d'autres passants pour leur demander la route à suivre. C'est ainsi qu'on leur affubla cette appellation de Basanga. Installés dans la région de Lualaba, d'autres sont allés élire domicile dans celle de Mulungwishi jusqu'à Likasi. Ceux-ci appartiennent au groupe de ceux qui ont suivi leurs frères partis aux côtés de Kazembe Mukonkoto. Ce dernier s'était détaché pacifiquement de son parent Kazembeya Kaumbo dont il conquit d'abord les terres.

Le chef MPANDE qui règne dans cette deuxième partie des Basanga est un parent de MWANT YAV parti de la maison de KABWIT MPAND A TSHIKOMB. Il faut retenir ici que les Lunda et les Basanga ont un lien biologique très remarquable. L'empire Lunda s'étend jusqu'au-delà des frontières actuelles du Congo. Une partie se trouve en Zambie et une autre en Angola.

c) Le Royaume des Bayeke

1.° Le foyer de l'empire Bayeke

Selon le récit de Madame LERBAK[34] dans « NGAND YETU », une grande partie de savanes du territoire de Balamba était inhabitée. Après plusieurs jours de voyage d'émigrants Lunda qui allaient à la suite de Kazembe partis en direction de Luapula, parvinrent en terre de Balamba. Un jour de la saison sèche, ils ramassèrent un sanglier dans une forêt de la contrée. Pendant qu'ils en rôtissaient la viande, ils se sont mis à discuter. Les uns voulurent continuer le voyage, les autres préférèrent rester là.

Quand les autochtones les trouvèrent dans la forêt, ils leur demandèrent pourquoi ils ne voulaient pas se rendre au village. Ceux-ci leur répondirent qu'ils avaient plusieurs enfants et n'avaient pas d'endroit où habiter. Ayant aperçu la beauté d'une de leurs filles, les autochtones la leur demandèrent en mariage, ce qui fut fait. Mais la nouvelle mariée tomba malade quelques mois après et finit par mourir. Les frères de la défunte invités pour

[34]LERBAK: Ngandyetu: Prented by the central mission press p.o. BOX 475 Cleveland, Transvaal 1963, Ed. Méthodiste Elisabethville Congo.

assister aux funérailles refusèrent d'y aller. Après l'enterrement, ils allèrent la nuit exhumer le corps de leur sœur et la ré-enterrèrent dans le lit d'une rivière. Le jour venu, ils allèrent ensuite le réclamer auprès de la belle-famille. Se rendant au cimetière, cette belle-famille constata avec stupeur que la tombe qui était pourtant bien fermée, était vide. Ce qui obligea les autochtones de remettre plusieurs têtes de leur bétail et plusieurs personnes aux étrangers qui ne les acceptèrent pas. Epris de peur, ils ont fait appel à leur chef KAPONDA pour trancher l'affaire. Devant celui-ci, les nouveaux venus réclamèrent des terres pour y habiter. KAPONDA leur céda de vastes savanes inhabitées et une rivière qu'ils finirent par accepter. Cette communauté nouvelle avait pour chef Katanga à qui la province cuprifère doit son nom. Ces lieux furent le point de départ et foyer de l'empire Bayeke.

2.° Formation de l'empire Bayeke

Les origines et la formation du Royaume des Bayeke qui a regroupé tout un peuple qui s'est inscrit dans l'histoire de l'ex-Congo Belge en général et du

Katanga en particulier, est décrit par J. Cornet, dans son ouvrage intitulé le Katanga avant les Belges de la manière ci-après : Ce fut vers le milieu du XIXe siècle que des chasseurs Nyamwezi, partis des territoires du Tanganyika vinrent au Katanga, au pays des Basanga et des Babemba. MUKANDABANTU, fils de M'SIRI, dont le Commandant GHEUR et le Révérend CLARK ont patiemment recueilli les souvenirs parfois fantastiques, conte ainsi la légende de cette arrivée : « Voici les raisons de notre venue au Katanga. Ce qui nous a amenés ici c'est le cuivre. Des chasseurs d'éléphants (des Bayeke) le découvrirent. Ils frappèrent un éléphant avec la lance. C'était un mâle avec de grandes pointes. Il fut blessé et non tué. Loin d'ici. » Alors ils le suivirent sans cesse, sans cesse.... Jusqu'au lac Tanganyika. Suivons-le ! Ils les ont conduits ainsi jusqu'à Nandubesa (au Katanga). Oui ! C'est bien là que l'éléphant les a conduits. Ils y virent des lingots de cuivre et les achetèrent. Le chef Nandubesa leur demanda : « D'où venez-vous ? » Ils répondirent en leur langue : « Nous sommes des Bayeke » (des chasseurs). Nos villages sont dans le pays

Sumbwa qui est là-bas, très loin ! Et maintenant que nous avons acheté du cuivre nous allons retourner chez nous..... ».

Les aventureux chasseurs Nyamwezi, revenus sains et saufs dans leur pays, contèrent leur merveilleuse odyssée à leur grand-chef, KALASSA. Des festivités célébrèrent leur miraculeux retour. Le tam-tam longtemps rythma les danses. Alors KALASA se lia d'amitié avec le chef Katanga, le roi des mines, avec Panda, le grand chef des Basanga et avec Sampwa qui commandait dans les monts Mitumba.

Avec tous il noua des relations commerciales fructueuses. Quand il revint dans ses villages, les porteurs étaient lourdement chargés et leur fil s'étendait à perte de vue.

Quelques temps plus tard, l'audacieux et avisé KALASSA retourna encore chez ses amis du Sud-ouest, accompagné cette fois par son fils NGELENGWA – le futur MUSHIDI ou MSIDI ou MCHIRE ou M'SIRI – qu'il désirait initier à ces voyages mercantiles. Rentré au pays après de fructueuses affaires, KALASSA décida d'envoyer en ce riche pays de Katanga un émissaire qui, en ordre principal, faciliterait les transactions en entretenant les bonnes relations et s'efforcerait de monopoliser le commerce des produits les plus intéressants. Il délégua son fils M'SIRI qui, épris d'aventures ; maître en intrigues et retors à souhait, briguait cette mission.

Le vieil ami de son père, le brave chef Katanga concéda au jeune M'SIRI un emplacement en bord d'une petite rivière afin qu'il puisse s'y établir avec ses gens. M'SIRI s'y fit rejoindre par deux de ses frères, par quelques-uns de ses parents et par des guerriers de sa race, dévoués corps et âmes. On nomme cet emplacement Lutipula : ce fut l'embryon de l'empire de M'siri.

Le jeune chef Bayeke était un guerrier valeureux. Il ne tarda pas à se distinguer en Commandant des expéditions punitives pour le compte des fournisseurs de son père. Il détruisit le village du chef KAPEMA, coupable d'avoir tué un enfant de la tribu de Katanga pour se faire un tapis de sa peau et réprima une grave révolution chez le chef PANDA. A chaque victoire, le nombre de ses esclaves augmentait et les crânes de ses ennemis décoraient en plus grand nombre sa résidence.

Le chef Katanga fut tout heureux et tout fier de lui donner sa fille en mariage. Mais quand son père mourut subitement, M'SIRI fut accusé de l'avoir empoisonné avec la complicité de son neveu : Il dut s'enfuir chez le chef voisin PANDA qui l'accueillit comme son fils et en fit son successeur. Par des victoires répétées M'SIRI va, dès lors ériger son empire.

Il défait les fils de Katanga, extermine les guerriers du célèbre chef KAZEMBE qui résidait sur la rive droite du Luapula, met fin aux razzias des Baluba. Par l'intimidation ou des manœuvres habiles, il accroit encore le nombre des vassaux. Sa domination s'étend enfin au Nord jusqu'à la Luvua à l'Est jusqu'au lac Moero et au Luapula, à l'Ouest jusqu'au Lualaba et au Sud jusqu'aux crêtes qui partagent le bassin du Congo de celui de

Zambèze. C'est un territoire aussi étendu que la Grande-Bretagne, mais aux frontières fort élastiques, car elles se modifient sans cesse suivant le degré de fidélité des vassaux les plus éloignés.

Cet empire n'avait pas d'autres nom que celui de M'SIRI : « Mushidi's Epire » dit Brawford ; « M'siri's Reich » écrivent les cartographes allemands. Capelle et Ivens l'appellent : Garenganja, ou Garanganza ; Arnot et Reichard : Garenganze, mais aucun indigène n'a jamais employé ces dénomination pour désigner l'ensemble des territoires soumis à M'SIRI. Enfin, quand les financiers européens commencèrent à s'intéresser à cette région, ils l'appelèrent « KATANGA », non pas en l'honneur du petit village ou du chef de ce nom, mais sans doute parce que ce vocable sonnait bien.

M'SIRI était une personnalité remarquable en son genre : conquérant intrépide, il était également fin diplomate. La façon dont il parvint à convaincre les swahili, qui exploitaient les gisements de Kambove, de quitter ses Etats et de regagner la côte orientale, est un modèle d'adroite persuasion étayée par des démonstrations de force. Il fut aussi bon législateur ; certaines lois édictées par lui nous paraissent aujourd'hui « triviales ou puériles ». Mais comme l'écrivent les commentateurs des « Mémoires de Mukandabantu » : « c'est que leur sens exact nous échappe ; il en est de même d'ailleurs des lois de Moïse.

L'empire de M'SIRI est tout entier basé sur l'autorité du « chef », issu de la race élue, imposé par la destinée, maintenu par la crainte qu'il inspire et par la force qu'il met inexorablement en action à la moindre velléité de rébellion. Le nom de M'SIRI signifie « le sol », dans le sens de la base qui supporte tout ce qui existe. Il s'appelle encore : « le nuage qui couvre tout… » et proclame : « il n'y a pas d'autre dieu que moi ! ». L'empire est basé sur la force. Pour être fort il faut des armes modernes, des fusils, des munitions, de la poudre. Pour acquérir ces instruments de domination indispensables, il faut des produits d'échange.

Qu'est-ce que M'SIRI peut offrir aux trafiquants ? De l'ivoire, du sel, des esclaves, du fer et du cuivre. Il s'attribue le monopole du commerce de l'ivoire, développe l'exploitation des salines, combat de lointaines tribus pour ramener de nombreux esclaves, exploite les mines de fer et de cuivre, est plein d'égards et de faveurs pour les techniciens de son industrie essentielle : les artisans qui fondent les précieux soutiens de l'économie de l'empire.

Tout d'abord, M'SIRI continue à commercer avec les arabes de l'Est, suivant les traditions ancestrales – il entretient même deux secrétaires arabes – mais ensuite, pour développer ses affaires, il inaugure des transactions commerciales avec l'Ouest, traite d'abord avec les Bambundu, trafiquants indigènes, pousse plus loin encore et envoie une mission, à la tête de laquelle se trouvent deux de ses fils, jusqu'aux comptoirs portugais de la côte atlantique !

Ses caravanes vont dès lors sillonner sans cesse cette piste de plus de 1.500 Km et instaurer un trafic important entre les bases européennes atlantiques et sa capitale, d'autant plus qu'il répugne à traiter avec l'Est depuis que les swahili, qu'il a si adroitement expulsés des mines, lui ont prédit qu'un jour le malheur surgirait de l'Est et qu'un blanc viendrait de cette direction pour « manger son or »......... Bunkeya, la résidence du grand chef, à 160 Km environ du Nord de l'Elisabethville, actuel Lubumbashi, devient un centre d'affaires grouillant d'activités, renommé dans toute l'Afrique.

Les trafiquants de l'Ouganda, de l'Oumjamwezi (Nyamwezi) et de Zanzibar s'y rencontrent avec ceux de Zambèze et avec ceux de l'Angola... M'SIRI a sous ses ordres plus de 10.000 guerriers fanatisés dont 3.000 possèdent des mousquets et une police d'Etat dont les officiers spéciaux veillent aux salut de « l'empire » !

Il tient en mains ses gouverneurs, munis de la coquille d'amande, symbole de la délégation de pouvoir par un système ingénieux et original : Chacun d'eux doit envoyer au harem impérial une de ses proches parents, sœur ou fille, qui devient épouse de M'SIRI. Reichard affirme qu'il en a vu plus de cinq cents ; Brawford prétend qu'elles sont cinq à sept cents ! Chacune

d'elles transmet à son parent gouverneur
les ordres de M'SIRI et est responsable de
leur exécution : toutes les femmes du
potentat sont immensément riches, il est
au faite de la puissance, il ne craint
personne, pas même Dieu !

CHAPITRE III : L'EMPRISONNEMENT DU KATANGA

L'emprisonnement du Katanga est un long processus commencé par les Belges en 1881 et poursuivie jusqu'à ces jours. C'est par la fondation du poste de LOFOI à 50 Km de Bunkeya, capitale du royaume des Bayeke, suivie de l'assassinat de son roi M'Siri qu'a commencé ce processus. Après cette étape, les Belges ont commencé à emprisonner le Katanga dans l'A.I.C. en utilisant divers procédés que nous allons regrouper en trois types : procédés géographique, procédés juridiques et procédés psychologiques. Mais avant d'en venir à ces procédés voyons avant tout comment le Katanga a été annexé à l'A.I.C..

1. La conquête du Katanga

Dans le chapitre précédent, nous avons montré que la province du Katanga avait des traits caractéristiques propres à elle et qu'elle a été peuplée différemment que les autres provinces Congolaises. Ici encore, nous allons montrer que le Katanga a été annexé au Congo d'une manière différente de celle concernant les autres provinces. Si pour appartenir à l'A.I.C. transformée en R.D.C. aujourd'hui, les chefs coutumiers de différentes provinces avaient accepté de plein gré le drapeau étoilé sur leur sol et la cession de leur souveraineté aux Belges, ceux du Katanga par contre n'ont accepté ni de reconnaître l'Etat indépendant du Congo, ni céder leur souveraineté. Pour cela, certains d'entre eux ont été tués et d'autres ont choisi la voie de l'exil comme nous allons le voir.

Jusqu'en 1885, le Katanga était libre. Sa production devant le Congrès International de Berlin sur la carte de l'A.I.C. qui allait être transformée en Etat Indépendant du Congo, relève de la théorie des " zones d'influence théorie selon laquelle, toute puissance européenne établie sur la côte, obtient d'office des droits souverains sur l'arrière-pays, ou selon la notion de l'Hinterland qui admettait que toute puissance européenne établie sur la cote avait des droits spéciaux sur les pays de l'intérieur et pouvait reculer les frontières de ces possessions jusqu'à ce qu'elle rencontre une zone d'influence voisine ou un Etat organisé[35]. Car à cette période, cette partie du Sud-est du bassin congolais n'était pas encore effectivement

---

[35]LALO LUFUNGA, J.B., La voix de l'Indépendance du Katanga, Tome II, Mars 1997 Lubumbashi.

occupée. Quoi qu'en 1885 la conférence de Berlin eût reconnu à l'A.I.C. la possession de tout le bassin du Congo à condition de l'occuper effectivement, le Katanga ne devint Congolais qu'en 1891. Les prétentions de Léopold II sur ledit bassin dans sa région Sud furent sensiblement réduites par des accords avec les Anglais et les Portugais, de sorte que malgré l'acte de Berlin de vastes territoires sont restés en dehors du Congo-Belge souligne Gilbert MBANGU MUKAND[36]. En effet, l'Association Internationale fondée en 1883 comme nous l'avons déjà dit, céda la place à l'Etat Indépendant du Congo en 1885. L'acte de Berlin qui déterminait cet Etat, le confia à titre personnel au roi LEOPOLD II. Dorénavant l'œuvre du roi était multiple et délicate. Il fallait organiser l'Etat, explorer, tracer des voies de communication, créer des entreprises d'exploitation du sol et du sous-sol..... Mais les moyens du roi étaient restreints.

Encouragé par les idées incitatives de Stanley qui, parlant des « jardins tropicaux » en 1890 à la bourse de Bruxelles devant une grande assemblée, avait fait cette exhortation enfin : « Hâtez-vous de les occuper entièrement car les

---

[36]MBANGU MUKAND, G., *Le Katanga et son destin* les éditions GMB Investra Lubumbashi.

jalousies s'éveillent[37] ». Le roi eut au même moment l'idée de disposer de plus d'espaces pour les vendre aux hommes d'affaire afin d'obtenir des ressources financières. Il fit créer la « Compagnie du Congo pour le Commerce et l'Industrie » (C.C.C.I.). Sans plus tarder cette compagnie organisa une expédition à caractère commercial et scientifique dirigée par Alexandre DELCOMMUNE.

Alors qu'une autre expédition organisée par la « Compagnie du Katanga » filiale de la C.C.C.I. et dirigée par le Commandant BIA et le lieutenant Emile FRANQUI parcourait le Kasaï et le Sankuru, faisant reconnaître partout aux chefs indigènes le drapeau de l'Etat congolais et leur faisant signer des traités, la Belgique fit ordonner au lieutenant LEMARINEL, commissaire de district de Kasaï, de foncer jusqu'à Bunkeya. Car il fallait coûte que coûte soumettre le roi M'SIRI pour s'emparer du Katanga.

a) **L'assassinat du chef des Bayeke par les Belges**

Le 18 avril 1891, le premier émissaire du roi arrive chez M'SIRI. Il trouva le

_____

[37] Encyclopédie du Congo belge Tome I, op. cit. p. 34.

souverain Yeke dans son palais assis sur le trône orné d'un tas de crânes et de tibias humains. Au vu de ces choses sanguinolentes suivies d'un accueil hostile, il se retira précipitamment et ses minutions furent détruites. Il fonda tout de même le poste de LOFOI à 50 Km de Bunkeya. Ce fut le premier poste de l'A.I.C. au Katanga.

Quelques mois plus tard, DEL COMMUNE alla visiter le potentat à qui il demanda de reconnaître l'Etat Indépendant du Congo. M'SIRI fut implacable sur ce point. Après plusieurs pressions Belges et Anglaises, il préféra sympathiser avec les Anglais. Comme ceux-ci venaient d'occuper la Rhodésie, il adressa alors à Cecil RHODES une lettre pour lui exprimer son intention de reconnaître les droits anglais sur le Katanga. Les choses tournèrent malheureusement très mal lorsqu'un officier anglais du nom de STAIRS, loyal au roi des Belges et commandant de la seconde expédition de la compagnie du Katanga parvint à intercepter la lettre que M'SIRI avait envoyée à Cecil RHODES. Pour déjouer les intentions du monarque qui allaient compromettre gravement l'œuvre du roi des Belges, STAIRS décida de le soumettre de force. Arrivé au palais royal fait de bambous, STAIRS opta pour la violence.

L'ampleur des moyens utilisés par le mercenaire britannique fut si impressionnante que le roi dut « tirer ses grègues[38] » pour aller trouver refuge dans un proche village. Le lendemain, BODSON, l'adjoint de STAIRS découvrit le monarque de sa cachette et tenta sans succès de s'en saisir pour le rendre devant le commandant. M'SIRI était un vaillant guerrier. Dans ce métier où l'on n'admet pas l'affront, le roi préféra « mourir que tomber dans la honte ». Passant aussitôt à l'offensive, il brandit son sabre. D'un bond, il essaie d'atteindre son adversaire par le cou, mais ce mercenaire qui ne semble pas novice, plie du côté gauche quand l'arme royale souffla du côté droit. Et de son arme appelée, « arme de pacification » pour légitimer le crime, finit par atteindre le roi éreinté et le blessa mortellement.

MASUKA, fils de M'SIRI ayant vu son père ensanglanté ne put supporter

---

[38]Tirer ses grègues : expression française utilisée par Jean de la FONTAINE dans la fable le coq et le Renard qui signifie s'enfuir. Grègues : Chausses.

l'ignominie. A la manière de Don Rodrigue, comme dans le Cid de Corneille, venger M'SIRI était un sublime devoir. Selon la coutume, la mort d'un grand chef Katangais entraînait celle de plusieurs sujets qui allaient l'accompagner dans sa dernière demeure. « A qui venge son père, rien n'est impossible ». Sur ce, MASUKA venge M'SIRI son père en tuant trois Zanzibarites sans épargner l'assassin de son père qui prenait déjà habilement ses jambes à son cou. Dans la succession de violences, le Marquis de BONCHAMPS, mercenaire français et adjoint à BODSON, pointe sa carabine sur le brave MASUKA qu'il atteint de sa balle et le renvoie au pays des taupes. Cette tragédie servit de leçon aux autres membres du royaume décapité qui finirent par laisser monter les couleurs de l'Etat Indépendant du Congo. L'âme de M'SIRI alla se constituer partie civile auprès des ancêtres. Cela provoqua la mort de STAIRS sur le sol africain alors qu'il allait s'embarquer vers l'Europe. A la mort de M'SIRI, son fils MUKANDA BANTU lui succéda et prit le titre de MWENDA II. Quand l'expédition dirigée par le commandant Belge BIA arriva à Bunkeya en janvier 1882, le successeur de M'SIRI conclut avec lui, le traité de reconnaissance de l'autorité Belge sur le sol Katangais. Généralement ce traité se présentait comme ce type exemplaire : « Tous les droits de lever des équipes des travailleurs, de disposer des ressources, de cultiver les terres en friche, d'exploiter les forêts, de rassembler des contingents nécessaires à la défense commune contre un envahisseur quel qu'il soit, noir ou blanc » étaient accordées aux représentants de LEOPOLD II en échange de :« Un chapeau rouge, un boubou blanc, un coupon de toile blanche, une douzaine de caisses de liqueur, quatre dames-jeannes de rhum, deux caisses de bouteilles de vin anglais, cent vingt-huit bouteilles de genièvre, vingt mouchoirs rouges, quarante bonnets de nuit également rouges[39] ».

Tout Bunkeya vivait encore le spectre du crime commis par les hommes de STAIRS quand l'autre envoyé de Léopold II vint pour faire signer au fils de M'SIRI le diabolique traité de cession de souveraineté. Il suffisait de refuser de se soumettre à la volonté du roi pour que MWENDA II eût subi le même châtiment que son père. Sur ce, MWENDA opta pour la flexion au lieu de rompre. C'est

---

[39]Colonel TRINQUIER, Jacques DUCHEMIN, Jacques LEBAILLY : Op. Cit. p. 9.

de cette façon que les Belges commencèrent à assujettir les Katangais. Aucun des chefs coutumiers des trois empires Katangais n'accepta de s'incliner devant les Belges pour reconnaître volontairement le drapeau bleu à étoile d'or. Partout où ils passèrent, les hommes de LEOPOLD II recoururent à la force.

b) Le chef de l'empire Luba renvoyé en exil

Après avoir imposé leur loi chez les Bayeke, les brigands Belges s'attaquèrent au chef des Baluba. Le chef KASONGO NYEMBO, premier de ce nom qui régnait sur l'empire afficha la même attitude que son homologue M'SIRI. Il refusa de reconnaître le drapeau de l'Etat Indépendant du Congo. Pour couper court, son empire se vit scinder de force en deux par des Belges. On lui laissa le Sud tandis que le nord fut donné à KABONGO son frère.

La lutte contre la résistance à la pénétration coloniale n'était plus l'affaire des seuls émissaires LEOPOLD II, elle était devenue cette fois une affaire du nouveau chef Yeke. Devenu loyal aux Belges, celui-ci se mit à combattre tous ceux qui continuèrent à résister contre les colonisateurs, notamment les Baluba ses voisins. Pour faire face à la nouvelle menace constituée par cette coalition qui se dressa contre lui, KASONGO NYEMBO choisit la voie de l'exile en 1905 et mourut vers 1907 loin du sol de ses ancêtres. Son successeur connut le même sort que lui, car il finit ses jours aux bagnes coloniaux de Lubumbashi[40].

Les envahisseurs avaient pensé que l'unité et l'organisation qui caractérisaient les empires du Katanga constituaient un danger pour le royaume de Belgique. C'est pourquoi ils ont utilisé la violence pour les soumettre et aussi la division pour les déstabiliser. Après avoir conquis et déstabilisé les empires Yeke et Luba, il fallait cette fois s'attaquer à l'empire Lunda qui figurait sur la liste des peuples dits réactionnaires. Dans son ouvrage intitulé « l'histoire des Alunda », Léon DUYSTERS[41] relate que pendant l'arrivée des Belges sur le territoire Lunda, un détachement des soldats Anglais commandé

---

[40]Extrait du discours prononcé par le Président du Katanga à l'occasion de la fête du 11 juillet 1962.
[41]DUYSTERS, L., L'histoire des Alunda, Problèmes d'Afrique en 1958.

par deux officiers Portugais MANDANJI et DIMA, arriva à MWIN MPAND et déclara prendre possession de ses terres où un poste devait être crée au profit de la colonie Portugaise. Un chef Tshokwe du nom de TSHIKWEJ réagit en les attaquant sur la rive gauche de la Lulua à Sandoa. Il réussit à renvoyer les envahisseurs en Angola. Après cette tentative Portugaise, les Belges ne tardèrent pas à se pointer eux aussi sur le sol Lunda.

c) Les chefs Lunda assassinés par les Belges.

Selon le même auteur, en 1887, à l'époque du règne de MWANT YAV MUSHID, le pouvoir était essentiellement détenu par son frère KAWEL. On dit de MUSHID qu'il était l'ombre de son frère KAWEL à qui il obéissait, et que le titre qu'il portait n'était que symbolique. Car en réalité KAWEL son frère joignait les qualités de guerrier à celle de chef. Le commandant MICHAUX surnommé TSHOMBE BULULU ou encore TSHIMBALANGA, fut le premier agent de l'administration Belge arrivé chez MWANT YAV. Il était venu de Lusambo avec un groupe de gens et recherchait les marchands d'esclaves. KAWEL ne voulant pas voir des blancs, il préféra leur livrer la guerre. La première réaction du commandant MICHAUX fut la démonstration de l'efficacité de son fusil. De sa carabine inconnue dans le milieu, cracha des balles qui transpercèrent un arbre.

Après ce premier geste d'intimidation, MICHAUX se retira plus tard à Musumba accompagné de deux autres officiers Belges dont le commandant DECLERK dit Mabilu et celui qu'on appelait MBAKO. Ils étaient accompagnés d'un fort détachement, arrivés à Musumba, Mbako y demeura, tandis que MICHAUX regagna de nouveau Lusambo et Mabilu se dirigea vers le Sud occuper la région de Dilolo. Le Mwant Yav et ses guerriers voulaient attaquer les Belges, mais ils eurent peur de puissants fusils dont ils étaient armés.

A leur arrivée en terre Lunda, les Belges avaient exigé qu'on les transporta en Kipoyi[42] chaque fois qu'ils devaient se déplacer. C'est ainsi que le Mwant Yav a tout de même fourni

---

[42]Kipoyi : Au Katanga, chaise utilisée à l'occasion de certaines cérémonies, transportée quatre personnes placées à deux de chaque côté sur laquelle s'assoit un chef coutumier.

des porteurs à Mabilu pour le transporter et aussi transporter ses caisses jusqu'à Dilolo. Chaque fois que ces blancs voyageaient par kipoyi, les militaires qui assuraient leur garde prirent l'habitude de tuer des porteurs qui leur semblaient fatigués après leur avoir donné de rudes coups de crosse de fusils. C'est ce qui arriva au cours du voyage de Mabilu. Cela révolta bon nombre de porteurs qui prirent fuite.

A cette époque les Lunda étaient en guerre contre leurs frères Tshokwe. Comme Dilolo où se rendait Mabilu était sous occupation des Tshokwe, ces porteurs avaient un motif de plus pour éviter d'y arriver. Dès que MBAKO resté chez MWANT YAV apprit la fuite des porteurs de la caravane DECLERK, il s'en prit au MWANT YAV. Il le fit arrêter pour le relâcher un jour plus tard. Cette arrestation obligea KAWEL et son frère MUSHID de trouver refuge à Tshuwana où ils s'attaquèrent à un autre détachement dirigé par le commandant Kasaï venu de Dilolo et qui se rendait à Lusambo. Les blancs réussirent à mettre les hommes de KAWEL en déroute.

Pendant l'interrègne de MWANT YAV MUTEB, les blancs l'appuyèrent et organisèrent ensemble la chasse contre KAWELE et son frère MUSHID qu'ils finirent par tuer. Leurs corps furent jetés dans l'eau[43]. L'héritier MULOPWE MULOLO désigné pour être investi fut écarté par les blancs. Ils installèrent le Mwant Yav Kaumb qui leur semblait favorable à cause de sa docilité. L'administration Belge entreprit ensuite de démembrer l'empire Lunda comme elle avait fait pour l'empire Luba. La résistance ne désarma pas, elle fut poursuivie par MUSHIDI, petit-fils de MWANT YAV MUSHIDI. Les blancs l'ayant considéré comme dangereux à l'administration belge, le reléguèrent à Malemba-Nkulu.

Dans l'intention d'agrandir son empire, le roi des belges avait estimé bon de modifier la frontière du nouvel Etat avec l'Angola telle que fixée par le protocole du traité conclu le 14 février 1885 entre le Portugal et l'A.I.C.. En effet, la remontée de Kwango par le Lieutenant DHANIS le fit parvenir aux postes occupés par des Portugais et cela fut la base

---

[43]Tiré du discours de Moïse Tshombe, Président du Katanga à l'occasion de la fête du 11 juillet 1962.

d'âpres protestations de Lisbonne. Après de fructueuses négociations, une nouvelle frontière faisant étendre le territoire de l'AIC vers le Sud fut fixée le 25 mai 1891. Elle permit au roi de prendre une partie importante de l'empire Lunda laissant une autre au-delà de la frontière.

Jusqu'à ce jour, les Lunda et leurs frères Tshokwe constituent une composante de la population Angolaise. Si l'union fortifie, la division affaiblit. Cela est d'autant plus vrai que l'empire Lunda continue à être affaibli par la fixation arbitraire des frontières en Afrique par des puissances occidentales. Le 12 mai 1894, la frontière qui épouse la ligue de partage du Congo et du Zambèze fut reconnue par les Anglais comme celle par où le Katanga se limite au Sud. C'est de cette manière qu'une autre partie de l'empire Lunda fut localisée en Zambie et y demeure jusqu'à ces jours.

Le Katanga fut ainsi conquis et annexé au Congo. Il n'est plus question de prétendre qu'il y avait eu cession volontaire de souveraineté de la part des Katangais. S'il existe des traités que la Belgique peut encore brandir aujourd'hui comme ceux conclu avec des chefs Katangais, il s'agit apprenons-le une fois pour toutes de ceux qui le firent avec de lâches successeurs des chefs atrocement tués et pourchassés par des Belges. Il s'agit des traités dépourvus de toute valeur juridique car, extorqués. Ceci constitue une particularité du Katanga sur laquelle s'appuient les revendications de ses populations qui ne cessent de réclamer leur souveraineté confisquée.

2. Les procédés utilisés pour emprisonner le Katanga

a) L'emprisonnement spatial

Par l'emprisonnement spatial nous entendons l'annexion du territoire Katangais à l'A.I.C. aujourd'hui République Démocratique du Congo. Il s'agit ici de l'ensemble des opérations d'ordre géographique comme la délimitation du territoire par des frontières, l'élaboration des cartes géographiques réalisées par voie diplomatique entre la Belgique et d'autres puissances coloniales.... C'est dans ce contexte que la frontière entre l'A.I.C. et l'Angola fut fixée comme nous venons de le voir. Or dans cette préoccupation d'agrandir sa colonie, la Belgique a renvoyé une partie de l'empire Lunda en prison en Angola. Cet empire qui jadis était toute une nation bien organisée, est effrité aujourd'hui au profit d'une soit disant nation congolaise. C'est pourtant de cet empire que David LIVINGSTONE qui fut le premier blanc à passer aux frontières des territoires du peuple Lunda a élogieusement mentionné dans un de ses livres écrits au sujet de son voyage en Afrique que « le peuple Lunda est nettement différent d'autres peuples qu'il a connus[44] ». Selon la même source, le Portugais POGGE, parti d'Angola et arrivé à Musumba en 1875 et qui fut le deuxième blanc à fouler le sol Lunda, s'est joint à Livingstone pour écrire ensemble qu'ils étaient étonnés de trouver au centre d'Afrique, des peuples organisés ayant les beaux villages, des routes droites, de meilleurs ponts et des maisons quadrangulaires bien construites ayant un pavement à l'intérieur et à l'extérieur. Ils étaient impressionnés de constater qu'à la différence d'autres peuples, chez les Lunda, non seulement les hommes cultivent, mais les

---

[44]AG LERBAK: Ngand yetu, op. cit. p.27.

femmes aussi. Ils ont remarqué une forêt de bananiers à Chibalaka, des personnes qui vendaient des cannes à sucre et le vin de palme. Ils ont apprécié chez ce peuple le sens élevé de l'hospitalité ».

En renvoyant une partie de l'empire en Angola, une civilisation fut paralysée. Comme si cela ne suffisait pas, en mai 1894 lors de la reconnaissance de la frontière entre le Katanga et la Zambie par les Anglais, une partie de l'empire fut amputée et emprisonnée dans le pays des colonies anglaises. Tandis que l'autre partie devint prisonnière de l'A.I.C..

D'autres procédés comme l'hypothèque des terres fut un autre moyen utilisé pour emprisonner d'énormes ressources de richesses que renferment le sol et le sous-sol du Katanga pour en faire une propriété des blancs. C'est ce qui s'est passé lorsque Léopold II avait besoin d'obtenir des ressources financières, il fit créer la Compagnie du Congo pour le Commerce et l'Industrie (C.C.C.I.). A cette occasion, THYS fonda le 15 avril 1891 à Bruxelles la « Compagnie du Katanga » au capital de trois millions de francs. En échange, l'Etat lui concéda l'exploitation du sous-sol Katangais pendant 99 ans[45].

Par l'emprisonnement géographique du Katanga, entendons également l'implantation du drapeau de l'A.I.C. et la création de stations et de postes administratifs à travers le territoire du Katangais. C'est ce qui s'est passé au Katanga après l'assassinat des chefs des empires Katangais. La terre du Katanga devint dorénavant une propriété de l'A.I.C.. Le mélange des populations Katangaises avec d'autres par l'importation de la main d'œuvre étrangère est aussi un procédé utilisé par les Belges pour déposséder les Katangais de leur territoire.

En effet, à l'arrivée des blancs au Katanga les autochtones exploitaient déjà leur minerai de cuivre par des techniques dites primitives. Plusieurs mines d'or et de cuivre existaient ici et là. C'est le cas des mines d'or et de cuivre de la rive gauche de Luapula sur les terres du roi KAZEMBE, celles de la montagne de Kambove chez le chef Moto, la fabrique des croisettes de cuivre à

---

[45]Encyclopédie du Congo Belge, tome I, op cit., p.35.

Changalele chez le chef MWILU (Lualaba)... Ces indices d'un progrès technique et d'une explosion industrielle en perspective par un peuple réputé réactionnaire, poussèrent les Belges à mener des études leur permettant de mettre sur pied un plan de captivité social. C'est ainsi qu'à la fondation de l'Union Minière du Haut-Katanga en 1906 suite aux prospections de J.CORNET de l'existence de nombreux gisements de cuivre et de fer au Katanga, les colonisateurs recoururent au recrutement de la main d'œuvre du dehors, essentiellement du Kasaï, du Rwanda et du Burundi.

L'argument selon lequel la démographie de la région était faible (2,6 habitants par Km^2 en 1950) n'est pas du tout faux pour justifier ce recrutement excentré. Mais l'interface de cette action c'est aussi la problématique de l'aliénation de ce nouveau peuple par rapport aux autochtones qui allait s'en suivre en provoquant à la longue une tendance à la domination des uns par les autres. Le conflit Katangais-Kasaïens qui a souvent enflammé le Katanga depuis les années soixante, n'est pas un fait du hasard.

Il a été entretenu par les colonisateurs depuis plusieurs décennies en vue d'atteindre leur diabolique objectif. Il nous semble que le recours à la main-d'œuvre extérieure au profit de l'Union Minière est une réponse des Belges envers le peuple Katangais qui se montra une fois de plus réactionnaire. Car après sa résistance face aux colonisateurs lors des premiers contacts avec les émissaires du Roi LEOPOLD II et les chefs indigènes, cette fois encore il dut réagir contre un travail de mine très dangereux qui coûta la vie à plusieurs ouvriers. Le salaire de ce dur travail ayant semblé à leurs yeux très dérisoires, les ouvriers Katangais avaient réclamé un peu plus d'aménagement. Pour combattre une telle attitude, le pouvoir colonial a jugé bon de recourir à une main d'œuvre bon marché et nombreuse dans les contrées avoisinantes. Mais fallait-il aussi installer au Katanga une discrimination sociale entre émigrés et autochtones.

Cette discrimination s'étendit dans presque tous les domaines de la vie courante. Aussi bien en matière de nomination des cadres dans les entreprises que dans l'octroi de l'habitat et autres avantages sociaux voire l'admission des enfants à l'école, les émigrants se virent accorder beaucoup d'avantages qui à la longue les firent accéder à des progrès considérables par rapport aux Katangais. L'une des conséquences de cette politique discriminatoire coloniale, ce fut l'accession des enfants d'origine Kasaïenne aux postes clés des entreprises du Katanga à la suite des performances intellectuelles très remarquables favorisées par des meilleurs conditions d'instruction dont ils avaient bénéficié[46]. Les colonisateurs ont tout fait pour remettre le pouvoir entre les mains des ressortissants de la province du Kasaï. Ces derniers se considérant maîtres au Katanga, s'adonnaient à la politique de noyautage qui permit à chacun d'entre eux de faire venir un bon nombre de membres de son clan vivant au Kasaï. Ce fut tout un exode Kasaïen qui s'en suivit. Trouvant au Katanga leurs frères déjà confortablement installés à des postes clés des industries minières, des services publics et autres, les nouveaux venus n'eurent pas de mal à être embauchés ou à obtenir des terrains où bâtir leurs maisons au

---

[46]Abbé Albert KAUMBA MUFWATA et Père Léon NGOIE KALUMBA UMPUNGU.
Le Katanga et la transition Zaïroise, (l'église nous parle). Edition du centre interdiocésain Lubumbashi, juillet 1995.

détriment des originaires qui jusqu'à ces jours sont leurs locataires, pour la plupart.

Au fil des années, ce peuple Kasaïen se multipliait pour occuper vite la supériorité numérique dans toutes les villes (Lubumbashi, Likasi et Kolwezi), et les grands centres d'activités commerciales comme Bukama, Pweto, Kasenga, Kalemie, Kasumbalesa... par rapport aux Katangais.

Cette surpopulation Kasaïenne sur le sol Katangais fut une cause de l'échec de l'indépendance du Katanga proclamée le 11 juillet 1960 par Moïse TSHOMB. Il faut rappeler à ce sujet qu'à la veille de cette indépendance, les Kasaïens résidant au Katanga se regroupèrent autour de la FEDEKA (Fédération des Associations des Ressortissants de la province du Kasaï), un mouvement politique qui contribua à l'échec de l'action indépendantiste de la CONAKAT.

Le summum de l'appropriation de l'espace Katangais par des émigrants sera plus tard la vente en 1980 des maisons d'habitation des ouvriers de la GCM à leurs occupants ayant totalisé plus de dix ans d'ancienneté à la Société. Cette mesure prise par MULENDA MBO, PDG de cette entreprise et originaire du Kasaï qui a dirigé la GCM de 1985 à 1991, fut l'aboutissement des idées colonialistes Belges. Parce qu'elle n'avait profité qu'aux non-Katangais auxquels on avait attribué exclusivement ces maisons sous prétexte qu'ils venaient d'ailleurs[47].

L'octroi de trois quarts de maisons GCM aux étrangers auquel s'ajouta des vastes terrains de lotissements leur attribués sous le même prétexte constitua pour ceux-ci un motif de plus pour faire du Katanga leur patrie.

La meilleure action façon de pérenniser leurs privilèges au Katanga, c'est de prôner le nationalisme congolais ou l'unité nationale. Car dans ce nationalisme leurs intérêts sont protégés par des vagues lois telle que « Tout congolais a droit de construire, de circuler et d'habiter librement sur tout le territoire congolais ». Loi qui relève du catéchisme du MPR jadis parti Etat. Loi reprise dans l'actuelle constitution de 2006. Aujourd'hui tous les émigrés résidant au Katanga rejettent toute idée tendant à les exclure de la liste des

---

[47]Abbé Albert KAUMBA et Père Léon NGOIE KALUMBA. Op. Cit. p. 45.

originaires du Katanga. Pour leur part, les Kasaïens du Katanga qu'on appelle encore « Baluba Kasaï » ont baptisé et continuent à baptiser certaines parties du Katanga des noms de leurs provinces d'origine. C'est le cas de Katuba[48] Kananga[49], Katuba Mbuji-Mayi[50] à Lubumbashi et quartier Kananga à Kolwezi pour ne citer que ceux-là.

b) L'emprisonnement juridique

Par « emprisonnement juridique », nous entendons le bricolage juridique par lequel le Katanga est tenu de demeurer galérien dans le Congo unitaire. Il s'agit des lois promulguées par des occidentaux la veille ou le lendemain de « l'indépendance » du Congo.

Parmi ces lois, énumérons celles qui suivent :

– La loi fondamentale du 19 mai 1960 relative à la structure du Congo (initiée à la Table ronde en Belgique).

---

[48]Katuba : Nom d'une des communes de la ville de Lubumbashi.
[49]Kananga : Chef-lieu de la province du Kasaï occidental.
[50]Mbuji-Mayi : Chef-lieu de la province du Kasaï oriental.

- Le traité d'amitié et d'assistance entre la Belgique et la République du Congo signé à Léopoldville le 2 juin1960.
- La résolution du Conseil de Sécurité du 07 juillet 1960 recommandant l'admission de la République du Congo à l'O.N.U..
- La décision du 14 juillet du Conseil de Sécurité concernant l'assistance à apporter à la République du Congo.
- L'art. 2 de la constitution de la République Démocratique du Congo (2006).

La liste n'étant pas exhaustive, nous allons particulièrement nous atteler à la loi fondamentale qui constitue le billet d'écrou par lequel le Katanga serait légalement enfermé dans le Congo. Mais avant d'en arriver là, disons un mot sur la législation humaine. Les lois faites des mains des hommes sont généralement imparfaites. Le plus souvent, les hommes se regroupent en sénat, en conférence ou en assemblée pour légiférer. La plupart des lois qui en sortent ont la vocation de favoriser l'exploitation de l'homme. C'est de là que sortent les droits les plus sadiques comme celui dit « DE VETO ». Il en sort des lois de nature à renverser l'ordre établi par Dieu - l'ordre universel - pour remplacer sa justice par les injustices, l'égoïsme et autres vices humains les plus ignobles qui se puissent imaginer. Dieu qui donna la vie et la parole à tous les hommes qu'il a créés à son image, a bien voulu que chacun en usa équitablement. Par leur esprit égoïste, les hommes érigèrent des lois qui reconnurent aux uns le droit de parler, et aux autres celui de se taire. En ceci Descartes oppose les ordonnances édictées par les hommes à celles réglées par Dieu et dit d'une part que « Souvent il n'y a pas tant de perfection dans les ouvrages faits de la main de divers maîtres, qu'en ceux auxquels un seul a travaillé[51] ». Il constate d'autre part qu'il est certain que l'état de la vraie religion, dont Dieu seul a fait les ordonnances doit être incomparablement mieux réglé que tous les autres.

Il est facile pour l'homme de légiférer que de changer la loi universelle qui régit la nature. La rotation et la révolution de la terre courent dans le sens et selon le rythme préétablis. Il n'a pas été aussi aisé pour les blancs de coloniser les noirs d'Afrique et d'en

---

[51]DESCARTES : Discours de la Méthode, librairie Marcel Didier, Paris, 1971, France.

faire des lois coloniales que de changer leur race noire en race bleue ou verte.

Revenons à la loi fondamentale pour dire que cette machination occidentale est une sorte de garde-fou méticuleusement conçue pour empêcher qu'un jour le Katanga ne puisse retrouver sa souveraineté. L'ordre et la règle, une fois établis et reconnus, sont la plus forte des puissances. Mais de par ses absurdités, la puissance constituée par la loi dite fondamentale est infernale. Car le but qu'elle poursuivait est d'assujettir et de meurtrir à jamais le peuple Katangais.

En effet, c'est une loi absurde parce que, éditée par une nation colonisatrice, elle est essentiellement basée sur la situation des faits passés. Les circonstances dans lesquelles l'Etat conventionnel de l'A.I.C. et sur lequel est bâti le Congo d'aujourd'hui ayant été suffisamment démontrées dans les chapitres précédents, il y a lieu de dénoncer que la loi du 19 mai 1960 relative à la structure du Congo ne concerne aucunement le Katanga. Il est également absurde que cette loi puisse lier le Katanga alors qu'à la Table Ronde où elle fut élaborée, celui-ci n'était pas en mesure de faire valoir sa position du fait qu'il n'était représenté que par une insignifiante minorité numérique par rapport au nombre des participants. L'absurdité de la loi fondamentale réside également dans le fait d'un monde qui se veut de Droit international garantissant à chaque peuple la liberté de se choisir la forme et le droit de gouvernement qui lui plaît, mais dans ce cas considère les séquelles d'une aventure coloniale comme base juridique immuable qui doit à jamais empêcher tout un peuple de décider librement de son destin.

L'emprisonnement juridique du Katanga n'est pas exclusivement une émanation occidentale. D'autres lois promulguées par des autorités congolaises de la période post-coloniale ont pu enfoncer le clou. Ce fut le cas de la loi BAKAJIKA[52] promulguée en 1966 sous le régime de Mobutu interrompant entre autre, brutalement l'exploitation du sous-sol Katangais par des Belges. C'est cette loi qui paraît-il, a plongé la Belgique dans une guerre d'indifférence vis-à-vis du Katanga.

---

[52]La loi BAKAJIKA : Une loi promulguée en juin 1966 sous le régime de Mobutu et ratifiée par l'O.L. N°66-343 du 7 juin 1966. Elle assure au Congo la rétrocession de tous ses droits fonciers, forestiers et miniers concédés ou cédés avant le 30 juin 1960 en propriété ou en participation à des tiers.

Depuis bien longtemps, le peuple Katangais croyait que c'est la Belgique qui détenait la clé de voûte de sa libération. Il espérait qu'avec le temps il arriverait à régler pacifiquement avec la Belgique, le contentieux relatif à l'exploitation de son sous-sol par cette dernière après l'avoir acquis des mains de son Roi LEOPOLD II sous forme de propriété à exploiter pendant 99 ans. Or la loi BAKAJIKA par sa promulgation, causa la mort de l'Union Minière du Haut-Katanga et fut considérée par la Belgique comme un coup de force. Par conséquent, elle constitue aujourd'hui une cause de guerre d'indifférence que la Belgique pourrait logiquement mener contre le Katanga. Les Katangais n'ont rien bénéficié de cette loi dont le but poursuivi était de remplacer le monopole de Bruxelles sur les richesses du Katanga par celui de Kinshasa. Elle avait en outre pour dessein d'attiser la haine de la Belgique envers le Katanga de telle sorte que ce dernier pris en étau était en train de subir le poids de l'assujettissement de son nouveau maître qui est le gouvernement de Kinshasa d'une part, et tout le venin de la nostalgie de son ancien bourreau qu'est la Belgique d'autre part.

S'agissant de l'article 2 de la Constitution de la République Démocratique du Congo promulguée en 2006, il a été prévu que certaines Provinces du Territoire National parmi lesquelles le Katanga seraient démembrées.

Par conséquent, le Katanga aura disparu pour donner naissance aux Provinces du Lualaba, du Haut Katanga, du Haut-Lomami et du Tanganyika. Quoi de plus injuste que cette monstrueuse loi dont le but est de mettre fin à l'existence du Katanga et du peuple Katangais. L'application de cette loi est le moyen le plus sûr conçu par le courant unitariste pour mettre fin à l'unité du peuple Katangais. Cette politique qui consiste à diviser pour régner ne peut étonner personne car elle n'a pas commencé aujourd'hui mais plutôt à l'époque de la tour de Babel bien décrit dans la Bible Chrétienne.

c) L'emprisonnement psychologique

Sachant à l'avance que le peuple Katangais a toujours cherché son indépendance, les colonisateurs ont non seulement mis des garde-fous juridiques pour l'empêcher d'y accéder, mais aussi des garde-fous psychologiques et mentaux pour le distraire jusqu'à le faire aussi oublier son importance. La consommation abusive des boissons alcooliques auxquelles s'adonnent la plupart des Katangais et les clivages ethniques qui apparaissent par moment au Katanga quand son peuple cherche à s'unir pour revendiquer sa libération, ne sont pas des faits du hasard. Ce sont plutôt des faits liés à un ensemble de procédés employés au Katanga par les colonisateurs pour aliéner mentalement son peuple.

L'emploi de ces procédés fait partie des solutions apportées par le Bureau d'Etudes de Psychologie de la Société et de la Colonie pour lutter contre le caractère réactionnaire décelé au Katanga. En effet, après son contrat de trois ans à l'U.M.H.K., Monsieur VAN NERK qui a été au Katanga depuis 1924, a déposé au Bureau précité les résultats de ses études sur les peuples du Katanga. Voici l'extrait de ces résultats d'études tels que publiés dans la revue n°17 intitulé « Etudes Sociologiques sur les ethnies du peuple Katangais de la Colonie[53] » :

---

[53] Revue n°7 << Etudes Sociologiques sur les ethnies du peuples katangais de la colonie>> Anonyme, s.l., s,d..

«Les peuples du Katanga sont en général réactionnaires et révolutionnaires, particulièrement les Baluba, les Tshokwe et les Ndembo. Les passifs et moins dangereux sont les Lunda et les Basanga.

Les Baluba sont des réactionnaires nés, mais ils sont d'une apparence d'hommes doux. Les Baluba ont connu une évolution plus poussée que celle des Gaulois avant la conquête de Jules César en 57 av. J.C. C'est un peuple difficile à gouverner parce qu'il n'admet pas la domination d'un autre peuple. Cela ressort de la publication dans la revue du 14 juillet 1919. Le peuple Muluba raisonne sur chaque action. Après son raisonnement sur l'action, il n'accepte aucune remarque qu'il trouve menaçante ou il répond par oui de dédain ou de doute. Chaque Muluba a un sens de supériorité ».

Après le dépôt de ces résultats au Bureau d'Etudes de Psychologie de la Société et de la Colonie, les solutions préconisées par ce dernier sont reprises par la même revue de la manière ci-après :

Ces solutions sont les moyens pour coloniser le Katanga et nous permettre de séparer les peuples du Sud à ceux de la Rhodésie. Le Docteur WENER a pratiqué ce système en Chine et a réussi. On rendra ces peuples passifs par le même système.

- La consommation abusive de la boisson à forte dose d'alcool.
- Il faut inculquer un sens régionaliste, cela ne leur permettra pas de consolider l'unité de leur empire. L'unité du peuple Luba est dangereuse pour la colonie. Ce peuple Luba peut se révolter et nous empêcher de bien gouverner. La réflexion, l'évolution et l'intelligence d'un Muluba sont dangereuses et nuisibles. L'enseignement servira pour abuser ces caractères. Il faut montrer au peuple Muluba qu'il est inférieur par rapport aux autres peuples. Si l'on lui laisse voir sa supériorité et on lui donne une instruction plus poussée, il se fera maître des autres, il se révoltera en peu de temps. Le Bureau d'Etudes Coloniales annonce aux gouverneurs coloniaux de mener une lutte contre les peuples réactionnaires et révolutionnaires.... »

Les Grandes Brasseries de la bière « SIMBA[54] » et « TEMBO[55] » implantées dans les villes de Lubumbashi, Likasi et Kamina au Katanga trouvent leur explication dans ces idéaux.

C'est aussi la raison d'être de grands cabarets qu'on appelle « Cercles récréatifs » implantés dans les cités des ouvriers de l'ex-U.M.H.K. aujourd'hui G.C.M. et de l'ex-K.D.L. devenu S.N.C.C. (Société Nationale des Chemins de Fer).

La prolifération des débits de boissons alcoolisées dans les grandes villes du Katanga, la distribution abondante et régulière des boissons alcooliques à forte dose sous forme d'un luxe ont entraîné la plupart de Katangais en général et d'intellectuels Katangais en particulier dans l'alcoolisme et à l'assuétude alcoolique.

L'alcoolisme devenu un fléau au Katanga, a paralysé l'activité mentale de la

---

[54] Simba : mot Swahili qui signifie lion
[55] Tembo : mot de la même Langue qui signifie éléphant
     Ces deux sortes de bière contiennent une forte dose d'alcool.
     C'est cette force là qu'on veut comparer aux deux géants de la jungle.

plupart d'élites Katangaises qui ont fini par sombrer dans la passivité face à leur assujettissement par leurs nouveaux maîtres venus de Léopoldville, du Kasaï, du Kivu etc... Sur recommandation du Bureau d'Etudes de Psychologie de la Société et de la Colonie, le système éducatif adopté par l'enseignement primaire est essentiellement celle qui correspond à la « science sans conscience » décrié par RABELAIS. Soumis à un pareil enseignement, l'âme du Katangais a été vraiment ruinée dès son jeune âge par un bourrage de crâne, par des préceptes de la religion occidentale lui versés dans la mémoire comme on verse de l'eau dans un entonnoir. Ainsi la crainte d'un perpétuel châtiment infernal et l'espérance d'une vie éternelle au paradis qui en ont résulté ont fini par faire au Katanga une multitude de poltrons qui aujourd'hui acceptent volontiers de prendre en patience la misère leur imposée par d'autres peuples dans l'espoir d'obtenir plus tard une vie meilleure au Paradis.

Ces méthodes et procédés sadiques appliqués par ces colonisateurs belges pour aliéner l'homme Katangais sont aux antipodes de la mission civilisatrice que s'était assignée LEOPOLD II. L'insensibilité à la misère engendrée par la foi chrétienne par laquelle on espère être gratifié au ciel proportionnellement à la persécution terrestre – d'après l'interprétation des béatitudes bibliques propagée par les éducateurs coloniaux au Katanga, l'aliénation mentale causée par l'alcoolisme acquis par accoutumance chez la plupart d'élites Katangaises, les clivages ethniques entretenus par des anciens et nouveaux maîtres du Katanga, sont à la base d'un éventuel emprisonnement à perpétuité du Katanga dans la mosaïque belge. Car il n'y a pire emprisonnement que l'emprisonnement spirituel.

3. La déviation de la mission de l'O.N.U. au Congo

a) Naissance, objectifs et but de l'O.N.U.

Suite à un discours prononcé le 08 janvier 1918 par le Président des Etats-Unis d'Amérique, WOODROW Wilson, au lendemain de la fin de la première guerre mondiale, une convention de paix a été consentie et signée par les Grandes Nations.

Ce fut la naissance de la Société des Nations (S.D.N.).

Parmi les tâches que s'est assignées cette Société, nous notons principalement la protection de l'indépendance politique et l'intégrité territoriale de toutes les grandes nations, de la liberté des mers et celle de commerce ainsi que le règlement amiable des questions coloniales. Si les grandes nations pouvaient s'humilier et respecter leurs engagements, la deuxième guerre mondiale n'aurait pas eu lieu. Mais à cause de leurs instincts guerriers, à cause de leur orgueil du fait d'être détentrices des pouvoirs militaires et leur suprématie économique et financière, elles ont fini par faire fi des conventions faites de leurs propres mains pour déboucher à la deuxième guerre mondiale.

La seconde tentative d'organiser un monde sans armes eut lieu à SAN FRANSCISCO où les grandes nations signèrent le 26 juin 1945 une charte dont le but était cette fois ci de maintenir la paix dans le monde entier. Dans cette charte, la non-ingérence dans les affaires intérieures des nations et le règlement pacifique des différends à la place du recours à la force furent les options fondamentales que les signataires devraient observer scrupuleusement.

En 1960, l'intervention de l'O.N.U. au Congo, et plus particulièrement au Katanga ne reflète pas du tout l'image d'une organisation faite pour maintenir la paix dans le monde, mais pour la troubler.

b) L'intervention de l'O.N.U. au Katanga (Le plan Morthor)

Quand le désordre s'était installé à Léopoldville et dans une grande partie du reste du Congo, au Katanga tout allait au mieux. Même quand les forces de l'O.N.U. sont venues au Katanga pour des raisons que nous allons analyser dans les pages qui suivent, la paix y régnait partout. Rien ne militait en faveur d'une quelconque présence internationale, nécessitant l'intervention onusienne. Quelques témoignages peuvent le confirmer.

Le colonel TRINQUIER, Jacques DUCHEMIN et Jacques LE BAILLY ont suivi les événements du Katanga depuis Léopoldville jusqu'à Elisabethville en passant par les deux Kasaï où ils perdirent leur collègue journaliste, tué par balle par des guerriers Baluba Kasaï. Dans leur ouvrage intitulé « Notre guerre au Katanga[56] ». Ces derniers attestent ce qui suit : « A son arrivée au Katanga, Docteur BUNCH, premier envoyé de l'O.N.U. dans cette province, n'a rien vu d'impressionnant que quelques centaines de guerriers brandissant leurs armes blanches dans le centre-ville. Monsieur HAMMARSKJÖLD, secrétaire général de l'O.N.U quant à lui, s'est personnellement rendu compte à son arrivée à Elisabethville que tout allait bien dans cette ville qu'à Léopoldville.

Il s'en était rendu compte lorsqu'en traversant le centre de la ville, un jardinier sur qui le regard attentif de Monsieur TSHOMBE s'était quelque peu attardé, plantait des fleurs dans un parc public. Monsieur HAMMARSKJÖLD lui-même n'a pas manqué d'en faire part à un membre de sa délégation pour signifier que quand on se

---

[56]Colonel TRINQUIER, DUCHEMIN, J. et LE BAILLY, J., Notre guerre au Katanga : Edition de la pensée moderne 48, rue Monsieur le Prince Paris.

battait à Léopoldville, à Elisabethville on soignait ses fleurs[57] ».

Le Secrétaire Général de l'O.N.U est arrivé à Elisabethville le 12 août 1960 accompagné du premier contingent militaire de son organisation composé de vingt soldats Suédois. Malgré la paix et la sécurité qu'il venait de constater, le Secrétaire Général a maintenu ce premier contingent militaire au Katanga. D'autres contingents se sont succédé pour envahir le Katanga. Il y avait parmi eux des soldats Marocains, Néerlandais, Ethiopiens, Indonésiens...

Jusqu'en 1961, sous la direction d'un haut fonctionnaire du nom de Georges DUMONTET, les troupes onusiennes se sont bien comportées dans la capitale du Katanga. Le gouvernement de Monsieur TSHOMBE de son côté marquait un progrès considérable sur presque tous les plans.

Sachant que les Belges, les Français et les Britanniques avaient leurs intérêts dans l'Union Minière, le Secrétaire Général

---

[57] DAVISTER, P., Le Katanga enjeu du monde : édition Europe-Afrique office international de librairie 45è rue du Bac, paris VIIe 1960 p. 153.

de l'O.N.U. a jugé bon de remplacer Georges DUMONTET suspecté d'être français, par CONOR O'BRIEN accompagné de KHIARY, respectivement Irlandais, anglophobe et tunisien francophobe. Ce sont ces deux bourreaux qui mirent sur pied un odieux plan pour écraser le gouvernement du Katanga.

O'BRIEN et KHIARY ont monté un plan dénommé Morthor qui signifie écrasement en néerlandais. Ce plan consistait à arrêter TSHOMBE en vue de le livrer au gouvernement central. Le coup d'envoi de cette opération fut donné par les hommes du colonel SING, du bataillon Dogras.

Cette version donnée par le colonel TRINQUIER et ses compagnons journalistes reporters cités ci-avant, ajoute ce qui suit : « Le 13 septembre 1961 vers 4H00 du matin, les hommes de SING ont encerclé la poste qui était gardée par une vingtaine de para commandos Katangais. Quand ces derniers ont cherché à se défaire du cercle onusien pour résister à la reddition, il y eut plusieurs morts dans leurs rangs. Une fusillade sans précédent a dorénavant brisé le rideau de la paix au Katanga.

La conclusion que nous avons pu tirer de ce reportage est que les forces des Nations-Unies sont venues au Katanga troubler la Paix qui y régnait pour des raisons particulièrement obscures. En d'autres termes, elles ont dévié de leur mission qui consiste à rétablir la paix vers une autre. La suite de ce début des troubles nous l'avons vécue personnellement, car nous étions à Elisabethville à cette période et avions atteint l'âge de quatorze ans.

Il s'en est suivi une destruction progressive des bâtiments communautaires, civils et industriels commise par des troupes onusiennes. Des bombardements intensifs lancés par des avions et des armes lourdes étaient délibérément dirigés dans la population civile faisant plusieurs centaines de morts. Nous avions pris l'habitude de sortir de la maison au vrombissement des moteurs des « Camberas » qui passaient chaque jour aux heures de midi pour lâcher des bombes sur les installations de l'Union Minière.

Nous avons assisté à des scènes de pillage et de meurtres, de viols et d'enlèvements opérés dans des conditions les

plus inhumaines possible par des Dogras[58].
Tous les actes criminels commis en violations
des droits de l'homme ont été le résultat du
plan Morthor dont les principaux acteurs
furent : O'BRIEN, TOMBERLAIRE, RAJA,
KHIARY et consort. Quelques organisations
non gouvernementales basées à
Elisabethville, ont décrié la résolution
adoptée le 21 février 1961 par le conseil de
sécurité de recourir à la force. Ils ont dénoncé
plusieurs actes ignobles et barbares
sadiquement commis par les troupes
onusiennes à Elisabethville.

Dans son livre intitulé « Le KATANGA
ET SON DESTIN » précité, dès la page 96 à la
page 102, Monsieur MBANGU A MUKAND
reprend une dizaine de télégrammes dont
neuf adressés par 46 médecins civils
d'Elisabethville, le corps médical
d'Elisabethville, les médecins civils
d'Elisabethville et un autre lancé par les
églises et les missions protestantes
d'Elisabethville. Ces télégrammes furent
adressés soit aux présidents d'Amérique ou
d'Europe, soit au Secrétaire Général des

---

[58]Dagros : L'un de bataillons sous le commandement du général
indien RAJA de la mission Onusienne au Katanga.

Nations-Unies ou soit à des organismes internationaux.

Vu la véracité des faits dénoncés qui ont indigné certains pays comme la Grande Bretagne ou la Belgique, pour chercher à calmer l'opinion internationale et à sauver sa réputation devenue cette fois souillée, HAMMARSKJÖLD a préféré publier un rapport qui n'a jamais convaincu un seul témoin ayant vécu à E'ville pendant ces événements.

Dans un rapport de l'ONU portant n°S49-40, HAMMARSKJÖLD prétend que ce sont les gendarmes Katangais qui avaient ouvert les premiers le feu sur les troupes de Nations-Unies qui se dirigeaient vers leur garage où un incendie venait d'être découvert. Craignant qu'elles allaient rencontrer des fortes résistances et être soumises à des feux d'armes automatiques, elles ont, elles aussi recouru aux armes[59].

Encadrée par des techniciens belges, la jeune gendarmerie Katangaise a été tellement disciplinée qu'elle ne pouvait en aucun cas user de ses armes qu'en cas de légitime

---

[59]Le colonel TRINQUER op. cit. p. 113.

défense. Notre avis à ce sujet est que le rapport du Secrétaire Général de l'ONU ne fut qu'un faux-fuyant cherchant à justifier l'usage paradoxal de la force par ses troupes. Quand bien même cet usage de la force eut été prévu par le Conseil de Sécurité en cas de légitime défense, eu-t-il fallu s'en servir pour assassiner de paisibles civils, détruire des bâtiments communautaires et autres infrastructures ? N'est-ce pas un crime contre l'humanité ?

Plusieurs faits mettent en évidence l'ingérence de l'ONU dans les affaires intérieures du Katanga contrairement à ses options fondamentales. Nous avons vu ses troupes rassembler les tribus constitutives du Cartel anti-Tshombe (Les Balubakat, les Baluba-kasaï et les Tshokwe) les transportant dans leurs camions pour les déposer dans un camp de concentration installé dans la commune de Ruashi sous prétexte de les protéger contre une agression « imaginaire » de la part des « séparatistes » Katangais. Or les membres de ce Cartel ont fini par s'adonner à la toxicomanie, au cannibalisme et à tous genres de bestialités jusqu'à la guerre civile contre les autres tribus qui s'opposaient à l'unitarisme lumumbiste et soutenaient l'indépendance du Katanga. Ces tristes événements qui se sont déroulés devant nos yeux, sont une fois de plus repris par le colonel TRINQUIER et ses compagnons dans leur ouvrage "notre guerre au Katanga citée ci - avant"...

Que dire du Secrétaire Général de l'ONU si l'on se rend compte que, suite au coup d'envoi de la guerre qu'il a donné au Katanga, les troupes des Nations-Unies se sont permises de transporter celles de l'ANC vers la zone neutre de Manono – zone occupée par l'ONU – pour y assurer la sécurité et d'en interdire l'accès à d'autres forces. L'ONU les avait assimilés à ses troupes pour leur faciliter de se déployer à l'intérieur du Katanga[60] ? Il y a lieu de déduire que Monsieur HAMMARSKJÖLD a été une géante et redoutable machine de crime contre l'humanité au Katanga. Joint à LUMUMBA, les deux ont constitué les prémices de l'enfer au Congo. La terre des ancêtres ne lui a pas permis de poursuivre son chemin de crime jusqu'au bout, autrement il exterminerait tout le peuple Katangais. C'est pour cela qu'on l'a vu terminer son aventure de manière

---

[60] MBANGU MUKA2ND, G., op. cit. p. 60-61.

la plus dramatique qu'on ait pu s'imaginer. Car finalement, l' « Albertina » - c'est le nom du majestueux avion qui le transportait vers Ndola où il allait rencontrer Moïse TSHOMBE avait percuté la cime des arbres du territoire zambien. C'est en ces lieux aussi que son plan machiavélique fut enterré.

c) Le Plan U. THANT

Après DAG HAMMARSKJÖLD, L'assemblée générale de l'ONU a élu U. THANT pour lui succéder celui-ci se comportera en nouveau bourreau pour l'Etat du Katanga. Il ne fut ni plus ni moins le similaire de Scapin[61]. Bien que moins agressif que son prédécesseur du moins selon l'apparence, celui-ci, par le moyen de son fameux plan U. THANT de son nom, a été le véritable croque-mort de l'Etat indépendant du Katanga.

Le plan U. THANT qui date du 10 août 1961 fut présenté le 24 août 1961 au gouvernement Katangais comme un plan de paix. Il consistait en un plan pratique tendant à assurer la réintégration du Katanga. Il

---

[61]Scapin : Personnage principal de l'œuvre comique de Molière portant le titre de « La fourberie de Scapin ».

prévoyait une loi répartissant les revenus, qui tiendrait compte des moyens et besoins économiques et financiers des différents Etats, et qui devrait autant que possible assurer à ces derniers le maximum de revenus provenant de leurs régions. Pour la répartition des devises étrangères, on tiendrait compte des besoins relatifs aux activités des industries qui en gêneraient[62].

... Les revenus provenant du commerce extérieur et des redevances seraient partagés à égalité entre les autorités centrales et le Katanga[63].

C'est un plan qui se voulait salutaire pour toutes les parties en conflit et prônait le fédéralisme où le partage de revenus du sous-sol Katangais et le gouvernement Central serait effectif. Mais à vrai dire, il n'était qu'une sorte d'anesthésie qui permettait au nouveau Secrétaire Général de l'ONU de neutraliser la sécession au moyen d'une chirurgie douce. Il consistait plutôt à plonger les autorités Katangaises dans la distraction afin de

---

[62]J.GERARD-LIBOIS : **Sécession au Katanga**. Imprimerie D. VAN KEERBERGHEN et fils. 101, Rue Piers-Bruxelles 1963.
[63]idem p. 273.

faciliter l'occupation de leur territoire par des troupes de l'A.N.C. (l'Armée Nationale Congolaise) avec la bénédiction des troupes Onusiennes. Car il s'est avéré que pendant les travaux préparatoires de ce plan, l'O.N.U a eu le loisir d'aéroporter au Katanga des troupes de l'A.N.C assimilées à celles de l'O.N.U pour passer à l'action. Ce fut aussi un moment propice pour l'O.N.U. de renforcer son aviation et ses troupes. Entre temps l'Amérique mettait à sa disposition beaucoup de chars de combat et de militaires parachutistes et marines. Ce déploiement de grands moyens de l'O.N.U a fini par mettre en déroute la jeune gendarmerie Katangaise, et ce fut l'occupation totale d'Elisabethville. Dès lors, on ne parlera plus de l'Etat Indépendant.

d) POURQUOI L'O.N.U. AU KATANGA ?

Il est plus facile d'expliquer pourquoi l'ONU est venue au Congo que de justifier pourquoi elle est venue au Katanga.

La venue de l'ONU dans une partie du Congo se justifiait d'une part, par l'insécurité qui avait régné à Léopoldville, et d'autre part, conformément à la demande d'assistance militaire formulée par un gouvernement régulier que dirigeait Patrice Emery LUMUMBA.

En effet, cinq jours après la proclamation de l'indépendance du Congo, la mutinerie de la force publique a éclaté à Thysville et à Léopoldville. Alors que le pays était encore sous l'administration coloniale, il perdait déjà un de ses attributs vitaux, celui du contrôle de son instrument de maintien de l'ordre. Voyant que le gouvernement Congolais serait incapable d'assurer la sécurité des ressortissants belges directement menacés, la Belgique a décidé d'envoyer des troupes d'intervention militaire au Congo. C'est ainsi qu'il y eut des troupes militaires belges à Elisabethville et à Luluabourg.

Le gouvernement congolais n'ayant pas été préalablement consulté par les autorités belges avant le déploiement de leurs troupes au Congo, bien qu'ayant signé le 29 juin 1960 un traité d'amitié avec la Belgique, a considéré cette intervention comme une déclaration de guerre. D'où un appel lancé le 10 juillet 1960 par Léopoldville aux instances internationales demandant une assistance militaire de l'ONU.

Mais il fallait attendre un jour pour que TSHOMBE proclame l'indépendance du Katanga le 11 juillet 1960. Informés de la sécession et de la présence des conseillers militaires belges à Elisabethville, KASA-VUBU et LUMUMBA sollicitèrent cette fois une aide militaire directe auprès de l'ONU.

Dans deux télégrammes signés conjointement, le Président et son Premier ministre congolais portent plainte contre la Belgique pour avoir agressé le Congo et demandent de mater l'indépendance du Katanga en la privant du support constitué par des troupes belges.

Quant à l'occupation du Katanga par l'ONU, commençons par rappeler que depuis le 11 juillet 1960 le Katanga est devenu un Etat indépendant. Malgré la réticence des uns et des autres de reconnaître cette indépendance, le secrétaire général de l'ONU s'est quand même rendu au Katanga y engager des pourparlers officiels avec le Président Moïse TSHOMBE. Chose qui ne s'était jamais fait dans un pays non reconnu. En outre, dès sa descente d'avion sur le sol Katangais, ce même secrétaire général s'est solennellement incliné devant le drapeau du Katanga lorsqu'il passait en revue les troupes Katangaises[64]. Le monde entier s'est étonné de voir le secrétaire Général saluer les couleurs inconnues à l'ONU. Les Katangais ont vu une possible reconnaissance de leur indépendance dans ce geste.

Sur le plan régional, les envoyés du gouvernement de Léopoldville se sont rendus au Katanga pour négocier une table ronde avec les autorités du gouvernement de Monsieur TSHOMBE. Ce fut notamment le cas du commandant POUAT, chef du cabinet du général MOBUTU et DELVAUX, ministre d'Etat du gouvernement ILEO et représentant particulier de monsieur KASAVUBU, Président de l'Etat Congolais partis ensemble le 12 janvier 1961 au Katanga pour cette fin[65].

---

[64]MBANGU A MUKAND, G., op.cit. p 58, Pierre DAVISTER, le Katanga enjeu du monde p.148.
[65]Colonel TRINQUIER op. cit. p. 77.

Beaucoup d'Etats au monde manifestaient déjà leur bonne volonté à reconnaître le Katanga comme un Etat de droit. S'étant arrogé le droit de s'immiscer dans les affaires intérieures de ce jeune Etat plein d'avenir, au mépris de ses premiers engagements de ne pas le faire, l'ONU a fini par compliquer son mandat au Congo. Le mandat de maintenir l'ordre tout comme celui de mâter l'indépendance du Katanga paraissent finalement difficiles à concilier avec le principe de non-intervention dans les affaires intérieures congolaises que s'était assigné l'ONU. La raison en est que le maintien de l'ordre était et demeure un attribut de la souveraineté étatique.

Selon la déclaration du Secrétaire Général de l'ONU devant le Conseil de Sécurité, « Le mandat des contingents de l'ONU dans la province du Katanga ne signifiait pas que l'ONU se reconnaissait un quelconque droit d'ingérence dans un conflit interne congolais ». Monsieur GILSON, ministre belge de la défense ordonnait en ce moment aux troupes belges d'occuper les centres importants du Katanga ainsi que les gares – frontières de Sakania et Dilolo.

De leur côté, KASA-VUBU et LUMUMBA dépêchèrent le télégramme à KHROUTCHEV, Président de l'U.R.S.S. pour l'inviter à assurer le suivi de l'évolution de la situation qui prévalait au Congo. Pour Lumumba, tel qu'il l'a révélé le 21 juillet devant le sénat, cet appel à l'U.R.S.S. n'était qu'un moyen de pression qui consistait à extirper l'ONU de ses hésitations. Il a aussi profité de la guerre froide qui existait entre l'Est et l'Ouest pour créer la confusion. C'est dans ces circonstances que les troupes belges ont fini par évacuer le Katanga le 17 juillet 1960 cédant la place à l'ONU.

Si le danger d'une guerre qui pourrait opposer l'Est à l'Ouest suite à l'appel lancé par LUMUMBA à l'U.R.S.S. peut justifier le déploiement des casques bleus au Congo, il ne le peut pas pour autant au Katanga jusqu'à y livrer une guerre sans merci. Si l'ONU est parvenue à mater l'indépendance du Katanga comme l'avait souhaité LUMUMBA, cela a été incompatible avec son mandat. Car il s'agit indéniablement d'une ingérence dans les affaires internes du Congo.

D'aucuns se posent la question de savoir pourquoi le conseil de sécurité n'avait tout simplement pas chargé les troupes belges déjà arrivées au Congo d'y assurer le maintien d'ordre au nom de l'ONU du fait que la Belgique elle-même était membre de l'organisation. C'est le cas de Munongo, ministre de l'intérieur du Katanga qui s'était écrié : « Si les troupes de l'ONU devaient entrer au Katanga, on pouvait se souvenir que la Belgique fait partie de l'ONU et qu'il suffisait que ses soldats peignent leurs casques bleus[66] ».

D'autres comme WIGNY, ministre belge des affaires étrangères avaient pensé que l'envoi des casques bleus au Congo était une priorité pour d'autres régions que le Katanga. Dans tous les cas, l'objet du mandat de l'ONU au Congo a été entaché de subjectivité. C'est pour cela qu'il importe de chercher la réponse à notre question – « Pourquoi l'ONU au Katanga » ? – à partir des causes lointaines et vraisemblables.

Causes lointaines et vraisemblables

---

[66]KASONGO, T., Le rôle de l'ancienne métropole dans l'ONU. de 1960 à 1964. Travail de fin cycle de licence en Relation Internationale. Juillet 1976 UNAZA Campus de Lubumbashi.

Ici nous allons essayer de donner une réponse à notre question sur base des hypothèses. L'hypothèse étant du domaine de la vraisemblance, celles que nous allons énumérer ci-dessous nous rapprocheront plus de la vérité pour comprendre pourquoi l'ONU est venue au Katanga. Les causes immédiates que nous venons d'exposer ci-dessus ayant suffisamment démontré que le déploiement des casques bleus au Katanga a été paradoxal, les hypothèses restent pour nous une piste de prédilection pouvant nous guider vers la raison.

1.° Vu l'esprit de compétition qui a toujours animé les grandes puissances occidentales, nous pensons que, les Etats-Unis n'ont pas pu tolérer que la Belgique, la France et la Grande Bretagne qui avaient des intérêts dans l'Union Minière aient continué à jouir seules des richesses du Katanga. Pour briser ce monopole, ils ont dû profiter de quelques circonstances du moment pour influencer l'intervention de l'ONU au Congo avec le seul objectif d'aller semer la zizanie au Katanga.

2.° Durant les années où le Congo est affecté par le séisme politique jusqu'au risque d'éclatement de la mosaïque, l'Occident et l'Orient étaient en guerre froide. Guerre qui opposait le communisme au capitalisme occidental.

Nous osons croire que la plus grande ambition de l'un et de l'autre était d'imposer son hégémonie en Afrique noire pour y disposer à sa guise d'énormes richesses que renferment ses différents pays. Dans cette compétition, le capitalisme caracolait en tête avec plusieurs pays déjà gagnés. Tandis que le communisme avait difficile à s'installer en Afrique. Pour renverser la tendance, l'un des atouts qu'avait ce dernier était d'incendier le centre de l'Afrique. C'est, paraît-il, pour cette cause que LUMUMBA et autres procommunistes auraient été utilisés pour semer le trouble au Congo. LUMUMBA n'était pas plus qu'un combustible soigneusement placé au centre de l'Afrique par les communistes. Quand le moment choisi est arrivé, l'incendie a dû se produire effectivement au Congo de sorte que le cratère put – comme dans tous les cas d'incendie – se trouver au Katanga. LUMUMBA à qui la plupart de gens jettent des fleurs a été en réalité un personnage équivoque. Les uns ont dit de lui tant d'éloges c'est ainsi que BEN BELLA dit : « Rien ne saurait effacer en nous la mémoire de Patrice LUMUMBA dont le martyre guidera notre action et nous fortifiera dans notre révolution de poursuivre envers et contre notre marche en avant, dans la voie de la libération totale de l'Afrique et de l'unité du continent africain »[67].

Jean-Paul SARTRE s'écrie à son tour : « Mort, LUMUMBA cesse d'être une personne pour devenir l'Afrique tout entière, avec sa volonté unitaire, la multiplicité de ses régimes sociaux et politiques, ses clivages, ses discordes, sa force et son impuissance ; Il ne fut pas ni ne pouvait être le héros de panafricanisme, il en fut le martyr[68] ».

Comment LUMUMBA a-t-il pu bénéficier de pareils éloges si ce n'est par erreur ? Lui qui tout en sachant que l'occident et l'orient étaient en guerre froide a simultanément fait appel à l'un et à l'autre pour venir régler des conflits inter-congolais ? N'est-ce pas « lier l'éléphant et l'hippopotame

---

[67]HEIZ, G., et DONNAY : LUMUMBA PATRICE. Les cinquante derniers jours de sa vie. Ed. Crisp. 35, Rue du Congrès, Bruxelles 1. Le seuil, 27, Rue Jacob – Paris 6e 1966.
[68] Idem p.7.

par les bouts d'une même corde » comme disent les Katangais lorsque la guerre de deux géants a été causée par un homme de moindre importance. Il y en a d'autres qui le traitent de barbare rusé ? C'est le cas de Marcel DE CORTE qui dit de LUMUMBA : « Voyez LUMUMBA, l'homme est à peu près inculte. Le vernis de la civilisation dont nous l'avons couvert craque de toutes parts. C'est un barbare. Il ignore le juste et l'injuste, le vrai et le faux, le bien et le mal[69] ».

Dans ce cas les capitalistes occidentaux se seraient servis de l'ONU, leur gendarme traditionnel en l'envoyant précipitamment au Congo pour barrer la route aux communistes. La guerre qui s'en est suivi au Katanga ne serait qu'un moyen de justifier sa présence dans une région où régnait la paix.

3.° Nous pensons en outre que l'ONU est venue au Katanga pêcher dans l'eau trouble. Dans leur livre cité ci avant, Jacques DU CHEMINS et autres témoignent que les forces de l'ONU ont remis des échantillons d'un mystérieux minerai à des civils américains pour

---

[69]HEIZ,G., et H. DONNAY : O.P.Cit. p.7.

expédition immédiate vers les Etats-Unis. Sur quoi l'ONU ferait tomber sa marque d'agent de maintien de la paix pour faire paraître sa face luisante d'un instrument d'une politique[70]. Ces co-auteurs poursuivent en disant : A voir l'acharnement du Président KENNEDY des Etats-Unis dans l'affaire du Katanga, il y a lieu de croire que les hommes à qui l'ONU avait remis les fameux échantillons représentaient l'ANACODA où son père avait des intérêts substantiels[71]. Dans tous les cas, l'ONU a été au service du mal. Le mal c'est d'abord Lumumba qui l'avait convoquée pour mâter l'indépendance du Katanga. Pour satisfaire le caprice de celui-ci, l'ONU a dû violer ses engagements qui consistaient à ne pas s'ingérer dans les conflits internes du Congo. Elle a violé toutes les conventions internationales en s'adonnant à des crimes de guerre dont les dommages subis par le Katanga n'ont jamais été réparés. Le contentieux reste entier.

---

[70]Colonel TRINQUIER et autres OP. Cit. p. 153.
[71]DAVISTER, P., op. cit. p. 52.

Le mal c'est aussi l'Occident qui avait mal utilisé l'ONU en n'examinant pas minutieusement la cause pour laquelle celle-ci devrait aller s'engager dans une guerre comme on le fait aujourd'hui avant d'autoriser le recours à la force en IRAK. Comment expliquer que le conseil de sécurité mette beaucoup de temps et du sérieux lorsqu'il s'agit d'autoriser le recours à la force pour désarmer un pays où se fabriquent des armes de destruction massive alors que pour une simple mutinerie de l'armée nationale congolaise, le déploiement des casques bleus a été précipitamment décidé par le même conseil de sécurité ? Que dire de Syrie où des centaines de morts sont dénombrés chaque jour ou chaque semaine alors que le conseil de sécurité ne s'est jamais décidé d'y aller pour rétablir la paix : combien de palestiniens sont tués chaque jour et leurs immeubles bombardés par des israéliens depuis plusieurs décennie sans que l'O.N.U n'intervienne ?

Ce comportement partial devant les problèmes qui se posent dans différents pays de la planète prouve à suffisance que la charte des Nations-Unies et différentes conventions internationales ont été faites en faveur des uns et au mépris des autres.

4. LE KATANGA RECLAME SON INDEPENDANCE

Avant d'en venir aux événements qui ont précédé la proclamation d'un Etat indépendant du Katanga, rappelons qu'avant 1923, le Katanga avait une structure de vice-gouverneur un peu comparable à celle que connaissaient les territoires de Rwanda – Urundi. Cette structure est entre autre un élément qui justifie naturellement la différence existant entre le Katanga et le reste du bassin congolais en plus des autres que nous avons essayé de ressortir par l'approche historique dans les pages précédentes.

Cette structure qui en outre correspond à un statut spécial accordé au Katanga par son ancienne métropole, dénonce la reconnaissance tacite de ce dernier de la non appartenance du Katanga au territoire congolais. Cette non appartenance du Katanga au Congo Léopoldville a toujours raisonné dans la tête de tous les Katangais sous forme d'un sentiment tel qu'on en a connu chez Martin LUTHER KING et autres messies de la révolution. De temps en temps, poussées par ce leitmotiv, les Katangais n'ont cessé de revendiquer leur indépendance. Leur désir de voler de leurs propres ailes que d'être dirigés par Kinshasa jadis Léopoldville a déjà fait plusieurs fois l'objet de multiples revendications et doléances parfois exprimées sous forme de véritables exigences de la part des Katangais.

Plusieurs fois, différents leaders des partis politiques Katangais sont montés au créneau pour prononcer de pompeux discours d'éclaircissement pour faire jaillir d'incontournables raisons qui militent en faveur de l'indépendance du Katanga.

Revenons-en aux événements qui précédèrent l'indépendance du Katanga. Bien qu'après 1923 le Katanga eût toujours rêvé de faire cavalier seul et périodiquement exprimé sa répugnance d'être dirigé par Léopoldville, les véritables jalons sur la voie de l'indépendance furent posés vers l'an 1957.

En effet, à l'approche des élections communales à Léopoldville, un fâcheux constat mit en branle la conscience des Katangais. Il s'agit du fait qu'à cette période, au Katanga toutes les communes dites africaines étaient sous la direction des bourgmestres non-

Katangais. Ce fut juste le moment pour les Katangais de se rendre compte qu'à E'ville, les communes Katuba, Kenya et Rwashi avaient pour bourgmestres des originaires du Kasaï, tandis que la commune Albert revenait à un originaire du Kivu[72]. Dès lors, toutes les ethnies Katangaises se regroupèrent au sein de la Confédération des Associations tribales du Katanga.

Le plus important jalon, peut-être le premier de ce genre fut celle d'Antoine MUSHINDA MUNONGO. A l'occasion du voyage royal qui amena le Roi Baudouin Ier et son ministre SCHRUVER au Katanga, le petit-fils de M'SIRI et chef Yeke exprima à ses hôtes aussi bien des remarques pertinentes au sujet du Katanga que des exigences de l'indépendance immédiate de la botte cuprifère. Il avait fait voir au Roi et à son ministre que « les chefs coutumiers ayant respecté les accords et traités conclus avec la Belgique, faites de même et respectez les chefs[73] ». Sur ce, il a exigé en plus de l'indépendance immédiate et totale du Katanga, la tenue dans soixante jours d'une assemblée nationale Katangaise qui allait établir

---

[72] Abbé KAUMBA : Le Katanga et la transition zaïroise Edition du centre interdiocésain, Lubumbashi juillet 1995.
[73] DAVISTER, P., op. cit. p. 54.

la constitution du Katanga et les modalités des relations entre le nouvel Etat et le royaume de Belgique.

Le coup d'envoi du 11 juillet 1960 marquera ensuite l'étape décisive de l'histoire du Katanga. Il s'agit ici de la réaction du peuple Katangais à l'injuste proclamation le 30 juin 1960 de l'indépendance du Congo Léopoldville. Cette action du royaume métropolitain par laquelle l'ABAKO, un mouvement séparatiste grandissant, issu d'un royaume traditionnel a su donner un président de la République – celui même qui en était le principal leader – fut aux yeux des Katangais comme un véritable coup de force. C'est cette goutte d'eau qui fit déborder le vase. Dès lors, on assistera à plusieurs épisodes marquant la lutte pour la libération du Katanga qu'auront animé différents acteurs dont le premier sera Moïse TSHOMBE.

Après TSHOMBE, d'autres combattants se sont courageusement levés pour porter le flambeau de la liberté. La succession des faits révolutionnaires apparus au Katanga comme nous allons les énumérer ci-dessous sous forme d'épisodes, sont le symbole d'un peuple passionnément épris de liberté.

Iᵉʳ Episode : Moïse TSHOMBE et l'indépendance du Katanga

Né, le 19 novembre 1919, à Musumba, capitale dynastique de l'empire Lunda. Moïse TSHOMBE est fils de KAPEND TSHOMBE et de KAT. A l'arrivée des premiers missionnaires à Kapanga, son père KAPEND s'est vite converti au christianisme. Les enseignements de cette religion marquèrent profondément son caractère jusqu'à faire de lui un homme d'une très grande valeur de son époque. En 1957 et 1958, le riche commerçant en gros fut l'un des dirigeants de l'association des classes moyennes africaines (ACMAF) qui représentaient la bourgeoisie noire à Elisabethville.

A vingt ans, Moïse quitta l'école de son père où il avait déjà acquis un caractère religieux et un sens de travail. Il se rendit à Bruxelles où il obtint son diplôme de commerce de Belgique. D'où il atteint un niveau intellectuel rare à rencontrer au Congo à cette époque. Pour s'être fait remarquer à Bruxelles suite à ses performances à l'école, il fut surnommé « tiroir-caisse[74] ».

---

[74]Colonel TRINQUIER et autres OP. Cit. p. 17.

De retour au pays, TSHOMBE a travaillé aux côtés de son père pratiquant le commerce. Il n'a pas tardé à changer le fusil d'épaule, car il a par la suite embrassé la politique pour y expérimenter ses connaissances commerciales. La veille de l'indépendance, TSHOMBE fonda son parti la « CONAKAT » (Confédération des Associations Tribales du Katanga). Le 11 juillet 1960, il a proclamé l'indépendance de l'Etat du Katanga dont il est devenu président. Grâce à l'Union Minière du Haut Katanga avec laquelle TSHOMBE a entretenu de très bonnes relations d'intérêts communs, et aussi à l'aide belge sur le plan militaire et diplomatique, le Katanga a été dirigé de mains de maître par son président du moins jusqu'en janvier 1963. Durant cette période, la vie économique est vite sortie du marasme où l'avaient plongée les quelques mouvements de trouble qui ont marqué les premiers jours de l'indépendance du Congo. Passé de la province à l'Etat, le Katanga n'était plus une vache à lait, mais un véritable créancier des impôts, taxes et plusieurs sortes de redevances dues à l'Etat. Ce qui lui avait valu l'image d'un Katanga économiquement fort et prospère au sein de l'Afrique.

Dans ce premier épisode de la « révolution » Katangaise, deux questions reviennent souvent à l'esprit des observateurs. La première : Pourquoi TSHOMBE a-t-il proclamé l'indépendance du Katanga un mois après celle du Congo ? La deuxième : Quelle fut la visée de TSHOMBE dans cette aventure de l'indépendance du Katanga ? A la première question deux sortes de causes peuvent être évoquées pour y répondre. Une cause apparente et immédiate et plusieurs causes lointaines et fondamentales.

1er Cause apparente et immédiate.

Selon Monsieur TSHOMBE, le Gouvernement Central continuait à faire preuve d'un manque complet de décision et d'autorité. Cet état de choses empêchait que soit abordée, entre interlocuteurs valables, l'étude de nouvelles structures de la communauté congolaise, étude à laquelle l'Etat du Katanga s'intéressait au premier chef et à laquelle il souhaitait ardemment participer.

A cause des mouvements insurrectionnels et séditieux partis du Bas-Congo, il a cherché à mettre son peuple à l'abri du chaos qui s'installait partout dans l'ex-Congo Belge sous l'action destructrice de LUMUMBA[75]...

En effet cinq jours après la proclamation de l'indépendance du Congo, la mutinerie de la force publique partie de Thysville et Léopoldville s'est rapidement intensifiée jusqu'au Katanga. Au Katanga les premiers troubles eurent lieu le 08 juillet 1960 à 17H à Kongolo. Le 09 juillet 1960 ce fut le tour de Kabalo où des civils congolais ont tenté d'empêcher le départ d'un train évacuant 250 Européens. Le même jour à 22H00, il y eut également mutinerie au camp MASSART, à Elisabethville. Et cette nuit du 09 juillet, après un débat entre les autorités d'Elisabethville, de l'ambassadeur de Belgique à Léopoldville et le gouvernement belge à Bruxelles, l'intervention militaire belge au Congo fut décidée. C'est le 10 juillet à 6H20 que des compagnies belges commandées par le commandant Guy WEBER débarquèrent à l'aérodrome de la Luano[76].

Signalons qu'avant 1960 la population européenne du Katanga était de 31.887 habitants à la majorité belge. Le danger qui

---

[75]Télégramme du 27 octobre 1960 de M. Tshombe au secrétaire général de l'ONU.
[76]J. GERARD-LIBOIS, J., Op. Cit.

guettait cette communauté d'expatriés suite aux événements de troubles qui élisaient domicile au Katanga ayant occasionné des morts, des viols et un exode massif vers la Rhodésie a milité pour cette intervention militaire belge.

Pour sauver ce qui restait à sauver, M. TSHOMBE profitant de cette présence militaire belge n'a pas eu d'autre solution que de déclarer l'indépendance du Katanga. C'est ainsi qu'il décréta l'état d'exception le 11 juillet au matin tandis qu'au soir ce fut la proclamation de l'Etat indépendant du Katanga.

Dans cette affaire, deux éléments essentiels sont à retenir :

- D'une part, après la proclamation de l'indépendance du Congo, le désordre causé par la mutinerie devait coûte que coûte se produire. Car l'indépendance du Congo n'a pas été le fruit d'une véritable révolution. Une révolution nécessite une lutte de plusieurs années pour aboutir à la liberté ou encore à l'indépendance. Pour le Congo par contre, quelques rassemblements populaires, émeutes et incidents de tous genres qui en moins de deux ans ont engendré l'indépendance. A l'indépendance le Congo ne disposait pas encore d'élites capables de continuer l'œuvre du colonisateur. Les quelques leaders des partis politiques qu'on pouvait rencontrer à cette époque, étaient pour la plupart des anciens collégiens ou séminaristes formés pour des services administratifs (moniteurs d'écoles, clercs ou commis).

– Par contre dans les colonies françaises ou britanniques, on pouvait déjà à cette même époque rencontrer un nombre considérable de diplômés d'université et d'hommes de professions libérales. En outre, l'ancienne métropole n'a pas prévu un mécanisme d'encadrement politique avant de libérer le Congo. Ce sont tous ces facteurs qui ont fait que l'indépendance du Congo, faite de boue et de salive a été tout simplement piégée. Par conséquent ce qui est arrivé quelques jours après l'indépendance devrait logiquement arriver.

– D'autre part, dès l'apparition d'une situation aussi dramatique que chaotique, tout le monde ne devait tout de même pas croiser les bras le lendemain d'une grande fête qui accompagnait l'indépendance. C'est ce qui arrive souvent dans le cas d'un incendie où l'on ne rencontre pas que des badauds, mais aussi des pompiers, professionnels ou occasionnels qui interviennent selon leur habileté à pouvoir éteindre le feu avec les moyens dont ils disposent. C'est bien sûr le cas de M. TSHOMBE pour qui la seule façon d'éteindre le feu c'était de retirer le Katanga du foyer des tensions comme les sapeurs-pompiers retirent les combustibles du foyer par la méthode dite de « dispersion ».

2° Causes fondamentales.

La déclaration de l'indépendance par M. TSHOMBE est également liée aux faits historiques que nous avons déjà suffisamment expliqués dans les chapitres précédents. Il faut rappeler ici que « lorsque la Belgique a ouvert au monde la région de l'Afrique que l'on appelle actuellement le Congo,- comme l'avait dit TSHOMBE le 20 juillet 1960 pour justifier l'indépendance qu'il venait de proclamer – les explorateurs n'ont pas trouvé un Etat organisé. Ils ont été mis en présence d'une foule d'ethnies ayant chacune leur organisation propre. Les liens entre elles étaient quasi inexistants... ».

Il faut rappeler aussi la manière dont le Roi Léopold II s'est approprié le bassin congolais. C'était par la remise de la souveraineté par les chefs coutumiers pour certains royaumes et par la conquête pour le Katanga. Pour notre part, nous pensons qu'une indépendance juste, consisterait pour l'ancienne métropole de restituer la souveraineté à ceux qui la lui avaient cédée. En dehors de cette logique, il y aurait sûrement un abus de pouvoir de la part du colonisateur. Or nous constatons que la Belgique n'a remis la souveraineté qu'au seul peuple « Kongo » qui fut une des nations traditionnelles au lieu d'en remettre autant aux peuples Lunda, Luba, Kuba...

A la deuxième question nous disons que Moïse TSHOMBE était un combattant du fédéralisme et du panafricanisme. N'ayant pas été compris par ses adversaires tant africains qu'européens, il a utilisé la sécession comme moyen de pression afin de les amener à la table des négociations. A partir des négociations, TSHOMBE cherchait à convaincre ses partenaires à constituer avec eux une confédération. Par confédération qu'il réclamait à cor et cri, TSHOMBE voulait d'abord se débarrasser de toutes mesures soumettant les provinces à l'arbitraire de la part du gouvernement central caractérisé par une oligarchie bureaucratique. Ensuite mettre en place une union d'Etats souverains constitués par les anciennes provinces de l'ex-Congo belge.

C'est après cette étape considérée comme transitoire, qui allait permettre à chaque état membre de se développer grâce à la jouissance maximale de ses ressources et à l'harmonie entre les partenaires qu'allait naître un Etat fédéral du Congo. Loin d'être séparatiste, TSHOMBE cherchait à pratiquer l'œuvre commune. Il le répétait chaque fois dans ses multiples discours ou dans ses correspondances avec les représentants des organismes internationaux.

Dans un extrait du télégramme adressé le 27 octobre 1960 au secrétaire général de l'ONU, M. TSHOMBE s'exprime en ces termes : « Loin de se rendre coupable de séparatisme, le Katanga a depuis longtemps manifesté ouvertement son adhésion de principe à une association avec d'autres territoires de l'ex-Congo belge et son désir de fonder avec eux, en temps opportun, une communauté basée sur l'égalité des partenaires. Le Gouvernement Katangais a fait sienne cette politique parce qu'il est intimement convaincu que, contrairement à ce que vous semblez considérer, la formule unitaire ne répond pas aux aspirations fondamentales et légitimes de la plupart des populations[77]... »

Dans un autre extrait de sa déclaration au moment de la rupture KASA-VUBU – LUMUMBA, TSHOMBE dit encore ce qui suit : « ... L'exemple des Etats-Unis et de la Suisse prouve sur le plan des faits qu'un système pareil permet le développement harmonieux des diversités et des intérêts particuliers à chaque région.... Le Katanga ne pratique pas une politique égoïste et qu'au contraire, il est prêt à pratiquer l'œuvre commune[78] ».

Par ailleurs, M. TSHOMBE au-delà du fédéralisme, plaidait pour la solidarité africaine. Dans un discours prononcé le 11 juillet 1962 à l'occasion de la fête célébrant l'anniversaire de l'indépendance du Katanga, TSHOMBE a clairement exprimé ses idées panafricanistes en ces termes : « Mais les Katangais savent que s'ils sont solidaires entre eux, ils sont aussi solidaires des autres Africains ; Leur tentative d'accéder à la véritable liberté ne sera couronnée de succès

---

[77]GERARD – LIBOIS. Op. Cit. p. 301-302.
[78] Idem.

que s'ils ont aidé les autres Africains à être plus libres.

L'Afrique ne sera véritablement libre que le jour où elle aura retrouvé son unité. Je crois que le moment est venu pour nous Africains d'affirmer que le Panafricanisme ne peut se confiner à un vague sentimentalisme fondé sur les blessures psychologiques subies durant la période coloniale[79]... »

L'analyse de ce passage nous fait croire que l'idée qu'a eu TSHOMBE de décréter la sécession du Katanga était fondée sur sa volonté de pouvoir doter ce jeune Etat grâce à ses abondantes ressources dont il ne jouissait pas au maximum d'une puissance économique, afin de se développer d'abord, pour pouvoir aider ensuite les autres territoires du Congo et ceux du reste de l'Afrique enfin. Car on ne peut aider les autres que quand on est libre et fort.

Avant de passer à d'autres épisodes qui ont caractérisé la ferme volonté des Katangais à sortir de leur carcan, il importe de dire un mot sur les conflits interethniques qui furent une des

---

[79]Extrait du discours du président de l'Etat du Katanga Op. Cit.

causes de l'échec de la politique indépendantiste entreprise par M. TSHOMBE.

Les conflits inter – ethniques.

Pendant l'époque coloniale, l'administration du Katanga était caractérisée par un déséquilibre socio-professionnel tel que les Katangais étaient marginalisés de la gestion de la chose publique. C'est à la veille des « indépendances » en Afrique que les Katangais se sont rendus compte que, à Elisabethville comme à Jadotville tous les postes de commandement étaient entre les mains des non-originaires du Katanga. Et dès lors, ce peuple lésé s'est décidé de créer la CONAKAT. (Confédération des Associations Tribales du Katanga). Ce parti politique regroupait plusieurs associations ethniques du Katanga dans le but de défendre leurs intérêts. Même l'association des Baluba fondée en 1957 par SENDWE Jahson, devenue plus tard un parti opposant avait adhéré dès le 05 février 1959 à la CONAKAT. [80]

Sur la liste des associations membres de la CONAKAT figurent :

---

[80]Gérard – LIBOIS Op. Cit. P. 25.

- L'association des Baluba (Baluba du Katanga).
- L'association des Basonge.
- Le groupement des associations mutuelles de l'Empire Lunda (GASOMEL).
- La fédération des tributs du Haut Katanga (FETRIKAT).
- L'association des ressortissants Bahemba.
- L'association des Bena Maninga.
- L'association des Minungu etc.

La CONAKAT a vu le jour en octobre 1958. Selon ses fondateurs, ce regroupement ethnique avait pour motif de sa création, la réaction contre une emprise croissante sur la vie dans les centres urbains et miniers des éléments originaires du Kasaï émigrés au Katanga. Dans une déclaration au courrier d'Afrique le 10 décembre 1959, TSHOMBE dit ce qui suit : « Notre mouvement a été au départ un mouvement de réaction contre la situation existante chez nous, il est l'œuvre de Katangais authentiques (...) et a vu le jour après les élections de 1959[81] ».

La BALUBAKAT qui figure sur la liste des composantes de la CONAKAT est née du

---

[81]Gérard – LIBOIS : O.P. Cit. p. 14.

regroupement d'une série d'associations Baluba ou certaines grandes chefferies représentées à Elisabethville telles que Kabongo, Mutombo Mukulu, Kasongo Nyembo etc... Elle est née en 1958 comme la CONAKAT. Elle avait pour but la promotion et l'entraide entre les Baluba ainsi que l'entente entre eux et leurs colonisateurs. Cette association avait pour président Jahson SENDWE alors que la CONAKAT était dirigée par M. TSHOMBE qui depuis le banc de l'école était son antagoniste légendaire.

L'ATCAR, un des membres de la GASOMEL fut une Association Sociale et Culturelle des Tshokwe du Congo, de l'Angola et de la Rhodésie qui a fini par se rallier aux adversaires de la CONAKAT pour la combattre. Elle fut dirigée par MUHUNGU Ambroise son président et avait son siège général à Elisabethville et une implantation locale à Jadotville, Kolwezi, Dilolo et Sandoa. Il est à signaler que depuis très longtemps, les Tshokwe étaient toujours en réaction contre les Lunda qui cette fois étaient majoritaires dans la CONAKAT suivi des Bayeke.

Ce sont toutes ces associations en particulier et les populations indigènes d'Elisabethville en général qui au départ se sont unies pour mener une politique commune tendant à mettre fin à leur vassalité vis-à-vis de Léopoldville. Outre la spontanéité avec laquelle elles se sont unies pour une cause commune, il y eut aussi influence de quelques européens qui vivaient au Katanga et qui étaient regroupés autour de l'UCOLKAT, (Union des Colons du Katanga). Ce sont eux qui ont sournoisement inculqué aux Katangais l'idée d'un Etat potentiellement puissant capable de faire cavalier seul sans Léopoldville, l'idée d'un jeune Etat économiquement fort où cohabiteraient Katangais authentiques et Belges à qui reviendrait le monopole de la jouissance des ressources minières dont regorge leur territoire.

Il est très étonnant de constater par la suite que des groupes ethniques poussés par un motif aussi noble que la défense de leurs intérêts, s'étant à peine réunis au sein d'un gouvernement qui ne les rendait que forts se soient si vite séparés.

En effet, à la veille de l'indépendance, la BALUBAKAT et L'ATCAR se sont retirés de la CONAKAT pour se rallier à l'ANC et à la FEDEKA. Il importe ici de rechercher la cause de cette séparation précoce et ses conséquences.

Qu'il s'agisse de la BALUKAT comme de l'ATCAR, la cause de leur retrait au sein de la CONAKAT est essentiellement liée à des faits historiques.

L'histoire nous apprend d'une part qu'aux environs du XIVe et XVe siècle, quand l'empire Luba n'étant pas encore stable, les Baluba du Katanga et ceux du Kasaï formaient une unité culturelle et linguistique. Ils se reconnaissent dans une souche ancestrale commune. Au cours de ses mouvements migratoires, une partie est allée du Katanga vers l'Ouest pour s'installer dans la région de l'actuel Kasaï. C'est l'administration belge qui a fait que ce groupement particulièrement reconnaissable ait été reparti dans deux provinces distinctes. C'est de cette façon que la province du Kasaï a pu enfermer une partie de la communauté appelée aujourd'hui BALUBA KASAI ou les Baluba du Kasaï. Tandis que le Katanga garde une autre partie appelée BALUBAKAT ou les Baluba du Katanga[82].

Un grand nombre de Baluba Kasaï transportés en renfort à l'Union Minière du Haut-Katanga, ayant trouvé grâce aux yeux des

[82] DAVISTER, P., Katanga enjeu du monde. Edition Europe-Afrique. Office international de Librairie 45ème   rue du BAC, Paris VIIe 1960

colonisateurs belges, ont pu occuper toutes les places importantes dans l'administration et dans les entreprises. Ils sont ensuite devenus plus instruits et plus organisés que leurs frères Baluba Kat. C'est ce qui attisa la jalousie de ces derniers qui désormais ne les regardèrent guère comme frères, mais plutôt comme ennemis[83].

Le plus grand paradoxe est de constater que le même européen qui a sournoisement injecté dans la tête des populations indigènes du Katanga l'idée d'une entité géographique, ethnique et économique Katangaise capable de s'autogérer, ait aussi inculqué aux deux groupes des Baluba l'idée de s'unir pour faire échec à la CONAKAT qui conduisait déjà le Katanga vers son indépendance. Il s'ensuit que les Baluba du Katanga réunis au sein de la Baluba Kat, parti dirigé par Jahson SENDWE, et les Baluba du Kasaï appartenant à la FEDEKA, présidée par Isaac KALONJI ont fini par faire Cartel pour prôner ensemble un Congo uni réclamé par le MNC de LUMUMBA.

Ce Cartel s'est vu élargi par l'adhésion de l'ATCAR d'Ambroise MUHUNGA qui a choisi le

---

[83] Idem P.P. 76-77.

moment pour régler son compte aux Lunda qui tenaient le levier de commande de la CONAKAT.

Quant au conflit historique des Tshokwe et leurs frères Lunda, l'histoire nous apprend d'autres part qu'à la fin du XVIIe S. début XVIIIe siècle, quand TSHINGUD et TSHINYAM, frères à RUWEJ dont nous avons parlé au sujet de l'empire Lunda dans le IIe chapitre se rendirent en exil, ils étendirent l'empire Lunda jusqu'en Angola et en Zambie.

Sur son chemin d'exode, TSHINYAM parcourut plusieurs régions, traversant villages, rivières et savanes. Il émigra ainsi de la rive gauche de Nkalany dans la région de Kapanga et atteint la région située entre les sources de Lualaba, la Zambèze et le Kasaï après s'être imposé aux Abo Ella auxquels il livra une guerre sans merci et plaça des chefs et chéfesses parmi les gens de sa suite. Ceux-ci formèrent un groupe ethnique des Alwena.

Quelques sujets du groupe de TSHINYAM se détachèrent de lui pour se diriger vers la région située entre le Kasaï et le Kwango. Il s'agit de Mwa KANDALA, Mwa NDUMBA, Mwa TSHUDI, Mwa TSHITANGA, Mwa KAWEWE, Mwa TSHAMBA et Mwa NDONDJI qui formèrent dans cette région la tribu Tshokwe. Plus tard, les Tshokwe entreprirent des razzias le long de la rivière Kasaï et s'attaquèrent aux Tupelekes et aux Asalampasu. Ils progressèrent jusque chez les Lunda, leurs frères d'origine et leur livrèrent la guerre. Ce fut une guerre intermittente d'une très longue durée. Tantôt ils envahirent tout l'empire, renvoyant des populations entières en exil, tantôt ils étaient repoussés par les Lunda et ainsi de suite.

Après plusieurs années de guerre estimées à 60 et 70 ans, les Tshokwe venus d'Angola, des Minungu et autres qui parlaient des langues semblables se sont multipliés sur le territoire Lunda. Après une reconnaissance fraternelle mutuelle avec les Lunda, leurs représentants ont commencé à se rendre devant le Mwant Yav. Le premier à se rendre fut le MWACHISENGE CHINGUMBA SAMBA, un chef Tshokwe qui se rendait devant le MWANT YAV MUTEB. Ce dernier l'accueillit fraternellement et lui indiqua le lieu où habiter avec sa suite. Ce sont les premiers Tshokwe qui occupèrent le territoire de Sandoa. Tous reconnaissent l'autorité de MWANT YAV. C'est ainsi qu'a commencé l'hégémonie des Lunda sur la tribu Tshokwe. Il faut souligner que les Tshokwe furent de puissants guerriers par rapport aux Lunda. Car à un certain moment, ils ont mis en fuite les Lunda occupant par la suite leur territoire pendant dix ans[84].

Cette histoire n'est jamais oubliée par les deux camps. Elle constitue un spectre dangereux pour la paix de deux tribus sœurs. C'est par un ressentiment vis-à-vis de la soi-disant hégémonie Lunda que les Tshokwe se sont regroupés au sein de l'ATCAR pour rejoindre les deux Baluba dans un cartel constitué pour combattre la CONAKAT de Moïse TSHOMBE.

L'union fait la force dit-on. Par contre, la désolidarisation des Baluba et des Tshokwe de la CONAKAT a fortement fragilisé l'indépendance du Katanga. Leur Cartel n'a fait que renforcer le MNC de Patrice LUMUMBA qui a juré par tous ses ancêtres d'anéantir l'indépendance du Katanga.

Ici le conflit interethnique c'est d'une part un problème de nostalgie qui anime deux frères ennemis que sont les deux Baluba jusqu'à se réconcilier pour faire bloc contre la CONAKAT. C'est d'autres part un problème de règlement de

---

[84] DUYSTERS, P., Op. Cit. P. 94 à 96.

compte entre deux autres frères ennemis qui se disputent la suprématie. Dans tous les deux cas, c'est l'indépendance du Katanga qui en a pâti.

IIème EPISODE : G. KYUNGU WA KUMWANZA ET J. NGUZ-A-KARL IBOND

Avec l'appui de l'Occident, le Katanga a été réintégré totalement dans la mosaïque à partir du 19 mai 1963 après la prise du territoire de Dilolo par des troupes de l'ONU. Dès lors, le Congo connaîtra une instabilité politique remarquable qui aboutira à la prise du pouvoir par Joseph Désiré MOBUTU, suite à un coup d'Etat militaire le 24 novembre 1965. Après avoir fondé son parti unique, le Mouvement Populaire de la Révolution (M.P.R.), le nouveau chef de l'Etat Congolais règnera au Congo sans partage du pouvoir jusqu'au 24 avril 1990 quand il se sera prononcé larmes aux yeux, en faveur du multipartisme et du pluralisme syndical.

Durant son règne, la population Katangaise dénommée sécessionniste est demeurée la bête noire du M.P.R. Le régime de Kinshasa a installé plus de terreur au Katanga que dans le reste du Pays. Arrestations, enlèvements, tortures et assassinats sont devenus désormais monnaie courante au

Katanga. Le Katanga a changé de nom et on l'appellera désormais SHABA. Le MPR a été allergique aux noms comme Katanga, TSHOMBE..... Personne ne le prononcera plus jamais devant un membre du M.P.R sans être arrêté, enlevé, molesté et à la limite, tué.

Pendant le règne d'un certain MANZIKALA comme gouverneur de la province du Katanga qu'on appelait encore SHABA, beaucoup de Katangais ont perdu leur vie. Les uns pour avoir cité publiquement le nom Katanga ou celui de TSHOMBE. Les autres pour avoir gardé les emblèmes, armoiries ou ouvrages et photographies relatifs au Katanga. Les autres encore pour avoir parlé en mal de MOBUTU ou du M.P.R. C'est d'ailleurs ce qui explique en partie, la rareté au Katanga des ouvrages qui relatent l'histoire du Katanga. Car ceux qui en possédaient ont dû les détruire d'une manière ou d'une autre de peur d'être arrêtés.

En janvier 1990, le Président MOBUTU a curieusement annoncé l'organisation des consultations populaires à travers le pays, suivie de la publication des résultats et sa déclaration concernant l'ouverture du processus de démocratisation le 24 avril 1990. A cette occasion, le président MOBUTU a publiquement annoncé contre toute attente, l'abandon du rôle dirigeant du M.P.R., parti état, la séparation entre le parti et l'Etat, la réhabilitation de la séparation des pouvoirs entre l'exécutif, le législatif et le judiciaire. Le multipartisme et le pluralisme syndical ont été annoncés également à cette occasion.

Après ce coup d'envoi, quelques partis politiques ont vu le jour au Congo. C'est alors que, malgré l'extermination de TSHOMBE, mort en captivité à Alger le 29 juin 1969, la pendaison d'Evariste KIMBA le 02 juin 1966 par MOBUTU à Kinshasa, la mystérieuse mort de Godefroid MUNONGO la veille du jour où il allait dévoiler les causes et circonstances de la mort de TSHOMBE et celle de LUMUMBA devant la conférence dite nationale souveraine qui avait vu le jour le 07 août 1991 à Kinshasa..., deux leaders Katangais se sont dressés pour ressusciter les idées de M. TSHOMBE. Il s'agit de J. NGUZ A KARL IBOND et de G. KYUNGU WA KUMWANZA.

NGUZ A KARL IBOND, originaire de la tribu Ruund à laquelle appartenait M. TSHOMBE, est l'un de ceux-là qui ont animé le gouvernement de MOBUTU dans plusieurs ministères, notamment celui des affaires étrangères. Il fut l'un de ceux qui, durant le régime du M.P.R, avait osé s'opposer ouvertement à la dictature du président MOBUTU. Cela lui a coûté la condamnation à mort par le chef de l'Etat Congolais. Grâce à l'intervention secrète de la plupart des puissances occidentales avec lesquelles il entretenait de très bonnes relations, NGUZ a eu la vie sauve suite à une mesure de grâce prise en sa faveur par le chef suprême de la magistrature congolaise qui n'est autre que Monsieur MOBUTU SESE SEKO.

Après l'annonce du multipartisme, NGUZ a fondé son parti politique, le P.R.I., qui veut dire Parti des Républicains Indépendants. Gabriel KYUNGU WA KUMWANZA est originaire de la tribu des Baluba du Katanga à laquelle appartenait J. SENDWE et ancien membre de l'UDPS, l'unique parti d'opposition au M.P.R. On se souviendra que les treize membres cofondateurs de ce parti parmi lesquels KYUNGU WA KUMWANZA ont été arrêtés suite à leur opposition au M.PMR et au régime dictatorial de MOBUTU. Ils ont été ensuite relâchés après avoir subi des sévices les plus atroces avant d'être relégués dans leurs villages d'origine respectifs.

A la naissance du multipartisme, KYUNGU a lui aussi fondé son parti politique la FENADEC, qui veut dire, Fédération Nationale des Démocrates Chrétiens. L'objectif poursuivi par NGUZ et KYUNGU était de faire valoir le fédéralisme comme mode de gestion au Congo. Car à ce titre, le Katanga retrouverait son autonomie à laquelle aspire tout le peuple Katangais.

Il faut rappeler que depuis 1961, un clivage social existe entre les Baluba du Katanga et les Ruund suite à l'affrontement politique qui avait opposé la CONAKAT de M. TSHOMBE et la BALUBAKAT chère à J. SENDWE. Cette situation ne pouvait permettre ni à KYUNGU ni à NGUZ de rassembler les Katangais à partir de leurs partis respectifs.

L'union fait la force dit-on, les deux leaders ont trouvé un compromis leur permettant de convaincre leurs frères Katangais à s'unir pour poursuivre ensemble leur lutte pour l'autonomie du Katanga. Ils ont dû tout simplement fusionner leurs partis pour créer enfin l'U.FE.R.I., l'Union des Fédéralistes Indépendants.

Les deux leaders ont travaillé en symbiose au sein de leur nouveau parti. Après avoir sillonné toute la province, exhortant la population à ne plus retomber dans les erreurs commises par J. SENDWE et M. TSHOMBE, mais à s'unir pour reprendre le chemin tracé par TSHOMBE afin de reconduire le Katanga vers son autonomie, ils ont ainsi réussi à réunir une grande majorité de la population au sein de leur parti.

Si Jean Baptiste est venu avant Jésus-Christ, KYUNGU et NGUZ sont venus après Moïse TSHOMBE. Le premier avait pour mission d'annoncer la venue du Messie, les seconds sont venus ressusciter la pensée libératrice de TSHOMBE enterrée vive. Endoctrinés par cette pensée révolutionnaire reprise le plus souvent par KYUNGU dans ses harangues que par son compagnon NGUZ, les Katangais sont redevenus dorénavant capables de dire non aux décisions arbitraires de Kinshasa. C'est dans cet état qu'on a vu les parlementaires Katangais contester pour la première fois certaines choses négatives constatées à la conférence nationale souveraine. Dans cette conférence, le même type de scénario allait se répéter lorsque pour fouler aux pieds les intérêts et droits des Katangais comme toujours, la représentativité des provinces par tous leurs délégués respectifs n'a pas respecté l'équilibre géographique. Après avoir constaté la présence de quelques intrus d'autres provinces injectés frauduleusement dans la délégation, les parlementaires Katangais ont tout simplement claqué la porte et plié leurs bagages pour regagner le Katanga.

Rangés derrière leurs leaders, les Katangais ont haussé le ton pour revendiquer derechef leur indépendance. Quelques fois la violence répare certaines situations désespérées. C'est dans la violence qui a accompagné cette nouvelle prise de position Katangaise qu'on a vu la main ferme de MOBUTU lâcher quelques droits du peuple Katangais longtemps confisqués. C'est le cas de la province même qui a récupéré son nom de KATANGA à la place de celui de SHABA lui affublé de force.

Quelques artères routières et grandes places publiques des principales villes commerciales ou industrielles ont également changé de nom pour porter ceux des martyrs Katangais ou des événements qui ont caractérisé la révolution du Katanga. Quelques grands ingénieurs Katangais demeurés longtemps dans les oubliettes ont été réhabilités en occupant d'importants postes dans de grandes entreprises du Katanga.

Certains d'entre eux ont été élevés au rang de grands directeurs à la GCM, à la SNCC et dans plusieurs autres entreprises publiques du pays. Par ce geste, ils ont eu l'occasion de montrer de quoi ils étaient capables. Rappelons en passant que durant le règne du M.P.R., parti Etat, les postes des directeurs des entreprises publiques ou privées ou ceux des présidents délégués de celles-ci, étaient le monopole de quelques personnes venues d'autres provinces. Pleins de charisme politique et soutenus tant par une forte milice Katangaise que par une très grande majorité de la population, KYUNGU et NGUZ n'ont tout de même pas pu porter leur croix jusqu'au destin attendu par le peuple Katangais. MOBUTU ayant été plus fort qu'eux à cause de son incalculable fortune et de sa redoutable machine de sécurité capable de tout renverser, les actions de deux leaders Katangais ont été fortement affaiblies.

Intimidés et menacés souvent, NGUZ et KYUNGU se sont souvent trouvés devant des obstacles assez difficiles à franchir pour aller jusqu'au bout. Comme s'ils avaient mordu à l'hameçon de MOBUTU, on les a vus par moment devenir des avocats du diable. Par moment ils se sont comportés en courtisans. Pour éviter le pire, cette attitude pouvait aussi déguiser une stratégie des guerriers avertis. La détermination de NGUZ et KYUNGU en particulier, et des Katangais en général à atteindre leur objectif a été constamment remarquable. Devant la grandeur de l'adversaire, les Katangais ont essayé de multiplier des actions stratégiques. C'est le cas de NGUZ A KARL IBOND qui a jugé bon de cesser de jouer l'unique carte de l'UFERI en tant que président national de peur d'être isolé sur l'échiquier national. Il a joué un rôle déterminant pour constituer avec d'autres partis l'Union Sacrée. Il s'agissait d'une plate-forme politique rassemblant plusieurs partis politiques qui consistait à s'ériger en contre poids face à d'autres qui se sont constitués pour soutenir le régime de MOBUTU. Il y eut aussi un mouvement d'intellectuels dénommé « l'Eveil de la Conscience Katangaise » qui a vu le jour au Katanga. Il avait pour mission de consolider les idées maîtresses pouvant orienter la démarche des Katangais vers leur destin.

Malgré la naissance d'une multitude de partis politiques au Congo, malgré le regroupement de ces derniers au sein des différentes plates-formes, malgré la tenue au

Congo d'une conférence nationale..., la démocratie n'a pas réellement vu le jour au pays. Le régime dictatorial a poursuivi son bonhomme de chemin et MOBUTU a continué à régner en autocrate et sans un moindre désir de partager le pouvoir avec qui que ce soit. Les nominations successives de ses premiers ministres prouvent à suffisance que la cohabitation est devenue cette fois impossible entre un dictateur et des hommes appelés à animer des institutions d'un pays à peine proclamé démocratique.

La tentative de l'UFERI de rechercher l'autonomie du Katanga au sein d'un régime non démocratique s'est soldée par un échec. Mais malgré son éclatement final en deux partis dont l'un de NGUZ et l'autre de KYUNGU, l'effort déployé et la volonté manifestée par les Katangais pour rechercher l'autonomie de leur province est un symbole significatif de leur détermination à vouloir se libérer à tout moment. Par ailleurs, NGUZ et KYUNGU ont non seulement mobilisé leurs frères à rechercher l'autonomie du Katanga, mais aussi ils ont propagé des idées nouvelles qui plus tard donneraient la possibilité aux Katangais de se libérer véritablement.

Parmi les idées nouvelles propagées par KYUNGU et NGUZ, retenons ce qui suit :

a) **L'identité Katangaise et l'intégration des émigrés dans la Société Katangaise.**

En propageant l'idée d'une certaine intégration des émigrés dans la Société Katangaise, G. KYUNGU WA KUMWANZA a été considéré à tort comme un xénophobe. Contrairement à ce jugement sévère de la part de ses adversaires, KYUNGU n'a été qu'un défenseur de l'identité Katangaise. Selon lui, les Katangais ont leur identité, leur culture, leur portion de terre bien distincte des autres parties du Congo. Il s'est insurgé plusieurs fois contre l'atteinte à la dignité et à la liberté des Katangais.

Selon KYUNGU, même s'il faut partager les richesses du Katanga avec d'autres Congolais, il faudrait le faire dans l'ordre, dans le respect et dans l'équité. Il s'est insurgé contre le cloisonnement social en invitant les non originaires du Katanga restant dans cette province à s'intégrer dans la Société Katangaise pour former une société harmonieuse et homogène. Pour cela il les a exhortés à s'adapter aux mœurs et coutumes du Katanga plutôt qu'à chercher à dominer le peuple Katangais, à l'exploiter et à attenter à sa dignité.

b) La physiocratie.

Tout comme le français QUESNAY, J. NGUZ a prêché la physiocratie. Il a souhaité la fermeture de la société minière du Katanga (GCM) qui ne profitait qu'au gouvernement de Kinshasa plutôt qu'aux Katangais. Il a invité les Katangais à se rendre aux champs d'où proviendrait leur salut.

Selon QUESNAY, l'agriculture est l'unique source de la richesse. Il estime « stériles » l'industrie et le commerce parce qu'ils ne produisent aucune matière première[85]. Quant au Katangais, le cuivre et le cobalt sont une source des convoitises des autres nations et même de leurs frères Congolais.

IIIème EPISODE : Mzee Laurent Désiré KABILA ET LA CAUSE KATANGAISE

La libération du Katanga ne consiste pas nécessairement au détachement de son territoire de l'ensemble du bassin Congolais. Le simple fait de mettre les Katangais sur le même pied

---

[85]Anonyme, s.l., s.d.

d'égalité que les autres Congolais suffirait déjà pour les tranquilliser.

Depuis 1960, quand Monsieur Albert Kalonji a lancé son mémorable slogan « Débrouillez-vous article 15 », la population Kasaïenne exploite elle-même, de manière artisanale, le diamant que renferme son soussol. Cette libéralisation Kalonjienne a fait et continue à faire des Kasaïens, un peuple très fort.

L'or du Kivu est exploité de la même manière par les habitants de cette province aurifère qui en sont fiers. Il est par contre étonnant qu'au Katanga où l'exploitation artisanale du cuivre était pratiquée avant l'arrivée des blancs au Congo, la variété des minerais que renferme cette province n'ait profité qu'aux seuls étrangers qui les exploitent industriellement.

Depuis l'indépendance du Congo jusqu'à l'avènement de Mzee Laurent Désiré KABILA, la Société Katangaise a été caractérisée par une paupérisation inacceptable. Quoi qu'unitariste, Laurent Désiré KABILA venu au pouvoir en 1997 après avoir vaincu l'invincible dictateur, le désir de libérer le Katanga était en lui. Il a suffi d'exhorter tous les Congolais de se prendre en charge pour surmonter la situation chaotique qu'ils traversaient pour donner aux Katangais l'occasion d'accéder à l'exploitation artisanale de leurs minerais. Cette exploitation artisanale du cuivre et de cobalt vient de permettre aux Katangais d'avoir une classe intermédiaire entre les plus riches et les plus pauvres. Quelques jeunes gens peuvent aujourd'hui se permettre d'acheter une voiture, une moto, un frigo..., choses qui, au Katanga n'étaient accessibles qu'aux hauts fonctionnaires de l'Etat, aux cadres de grandes entreprises publiques ou privées et aux grands commerçants. Les Katangais ont été longtemps victimes de la discrimination sociale sur plusieurs plans. L'histoire nous apprend que les Katangais ont été des guerriers depuis l'époque précoloniale. Le sachant ainsi, MOBUTU – le maréchal – leur a toujours réservé dans son armée, le grade ne dépassant pas pour la plupart celui d'adjudant. C'est le président Laurent Désiré KABILA qui a réhabilité les Katangais dans son armée de libération selon leurs mérites.

En effet, aussitôt qu'il a créé et organisé l'armée et la Police au Congo, plusieurs Katangais se sont vus accéder au rang des généraux, des majors, des lieutenants et des colonels. Le premier chef suprême de la Jeune Police Nationale a été Katangais.

C'est beaucoup d'aspects que nous pouvons encore énumérer dans le dynamisme Kabilien pour démontrer qu'à chaque période de son histoire, le Katangais a toujours eu le désir de se libérer. L'on se souviendra aussi que de tout son règne. MOBUTU a toujours pris en aversion le Sud-ouest du Katanga, considérant toutes ses populations comme les plus rebelles à son régime. La cause en est – selon nous – que Moïse TSHOMBE qui proclama l'indépendance du Katanga est originaire de ce coin.

A l'exception de tous les districts de la province du Katanga, seul le Lualaba est demeuré sans Tribunal de Grande Instance dans son chef-lieu. Car, notre avis est que, c'est dans ce district où se trouve le fief des Lunda d'où est venu Moïse TSHOMBE. Dans son projet, Mzee Laurent Désiré KABILA prévoyait déjà doter cette entité de cette institution indispensable à la distribution du droit aux citoyens. Pour y arriver, il a fallu d'abord préparer de jeunes juristes, ressortissants de cette contrée. Ainsi a-t-on vu naître une extension universitaire de Lubumbashi à Kolwezi, chef-lieu du district de Kolwezi – District sœur de Lualaba – ayant en son sein la Faculté de Droit. Jusqu'à ces jours, cette université a déjà produit plusieurs juristes attitrés. Il était jadis inacceptable qu'un Katangais devienne Magistrat. Quelques rarissimes têtes peuvent encore être énumérées dans ce domaine.

La relance de l'activité agricole sur une grande étendue du chantier dénommé Kanyama Kasese dans le territoire de Kanyama au Katanga par Mzee Laurent Désiré Kabila, à peine arrivé au pouvoir a été un autre geste favorable à la libération des Katangais. Ce geste a rejoint la physiocratie annoncée par Jean NGUZ A KARL IBOND. Ce retour à la terre que nous considérons au Katanga comme une idée nouvelle, fera l'objet d'une des réponses que nous allons apporter à la question qui concerne la libération du Katanga au prochain chapitre.

Mzee Laurent Désiré KABILA s'ajoute à la liste des illuministes Katangais en proclamant sa fameuse idéologie de : « prenez-vous en charge ». Cette autre idée nouvelle cherche essentiellement à bannir le paternalisme et la vassalité qui avilissent les Congolais en général et les Katangais en particulier.

CHAPITRE IV : LA PROBLEMATIQUE DE LA LIBERATION DU KATANGA

Après avoir démontré que le Katanga a été emprisonné dans la mosaïque coloniale belge, il importe d'envisager sa libération. Mais avant cela, il faudra se poser la question de savoir s'il est nécessaire de le libérer. Il faudra aussi chercher à savoir s'il a des atouts lui permettant de se libérer ou d'être libéré. Il ne sera pas de moindre importance de prédéterminer le genre de liberté qu'il lui convient. Car la réponse à cette dernière question nous permettra de prévoir comment le libérer pour éviter un échec ou un dérapage. C'est à quoi nous allons nous atteler dans ce dernier chapitre.

1. EST-IL NECESSAIRE DE LIBERER LE KATANGA ?

Aussitôt qu'il jouit de la raison, chaque individu doit jouir de la liberté, car celle-ci est un présent du ciel. Dès qu'il en est privé, il doit la conquérir. La liberté n'est pas une exigence présentée par l'homme à Dieu dit Jean BARTHELEMY, mais une exigence présentée par

Dieu à l'homme. La liberté n'est pas un droit –
poursuit-il – mais une obligation[86].

Le vœu le plus ardent de tout prisonnier
est de se voir un jour libéré. La liberté comme la
santé est un facteur primordial pour tout
développement. Il n'y a que les peuples libres et
bien portants qui peuvent se développer. Si le
Katanga fabuleusement riche, renferme des
populations extrêmement pauvres, c'est parce
qu'il n'est pas libre. Or dans cet état où il se
trouve, il ne peut ni décider, ni vouloir étant
donné ses facultés dépendant totalement de son
maître qu'est Kinshasa.

De ces faits, la libération du Katanga
s'avère incontournable. Il faut que le Katanga
soit libre de disposer de ses ressources minières,
de payer ses travailleurs, de faire ceci ou cela
selon ses propres désirs. Il doit être libre car la
liberté est un don de Dieu. Elle est un droit et
l'on fait bien de la revendiquer du moins quand
c'est pour un bon motif[87].

---

[86]Jean BARTHELEMY, J., <u>Structure et dimension de la liberté</u> p. 12..
[87]Idem.

2. LE KATANGA A-T-IL DES ATOUTS POUR SE LIBERER ?

Ses ressources humaines, d'énormes richesses sont des atouts majeurs dont le Katanga dispose pour conquérir sa liberté. Le sous-sol Katangais renferme des minerais stratégiques qui peuvent lui permettre de se doter des armes de destruction massives. A l'aide de ces armes, il peut précipiter l'apocalypse, rien que pour chercher à se libérer quand la résistance est imminente.

Il existe au monde un nombre de nations qui font bloc avec les unitaristes Congolais pour pérenniser la servitude du Katanga, parce leurs intérêts en dépendent. Mais le Katanga est à mesure de faire bloc avec les adversaires de ces nations pour les combattre ensemble. En d'autres termes, le Katanga peut diviser le monde en deux blocs opposés. Ce qui peut entraîner une 3ème guerre mondiale. Pour n'énumérer que ces quelques cas parmi tant d'autres, nous disons que le Katanga a beaucoup d'atouts pour pouvoir conquérir sa libération à la manière du monde.

3. POURQUOI FAUT-IL LIBERER LE KATANGA ?

Il faut libérer le Katanga pour lui permettre de s'organiser afin de se développer. Or toute organisation doit tenir compte de l'environnement tant géographique, social, politique et économique.

Il est question de voir dans quel environnement le Katanga évolue pour pouvoir envisager son développement.

En effet, le Katanga est en train d'évoluer dans un environnement politique et économique instable. Son environnement social est par conséquent hostile. Or, selon Henry MINTZBERG qui a donné quelques caractéristiques spécifiques d'un environnement dit que, ce qui l'intéresse ce n'est pas l'environnement en soi, mais son impact sur l'organisation pour y faire face[88]. C'est pour cette raison qu'il s'avère nécessaire de passer en revue l'environnement politique, économique et social du Katanga pour pouvoir évaluer l'impact qu'il a sur cette province.

---

[88]MINTZBERG, H. Structure et dynamisme des organisations, Edition d'organisations, 5 rue Rousselet, 75007, Paris

L'environnement politique du Katanga

Le Congo étant passé du colonialisme à l'indépendance, de la privatisation à la nationalisation, du multipartisme au monopartisme, il y a lieu de déduire que sa politique est instable.

En passant du colonialisme à l'indépendance, nous constatons qu'avant 1960, le régime colonial avait accordé au Katanga un statut spécial qui lui a permis de se développer parallèlement au reste du territoire du Congo-Belge.

Sous l'impulsion des colonisateurs, chaque province exploitait ses propres ressources. Le gouvernement colonial a mis en place un véritable Etat providence qui assurait à tous les gouvernés un cadre de vie acceptable. L'arrière-pays était relié aux centres urbains par des routes régulièrement entretenues permettant aux cultivateurs et chasseurs d'évacuer facilement leurs produits vivriers. Le produit de cette vente permettait ainsi à chaque paysan de vivre aisément.

Les Belges qui, à travers l'Union Minière du Haut Katanga, tiraient d'énormes profits qui ont substantiellement contribué à l'embellissement et l'enrichissement de la Belgique, n'ont tout de même pas manqué de doter le Katanga des infrastructures de base.

A partir de 1960, le Congo est devenu unitaire. Le régime de Léopoldville s'est mis sur le sentier de la guerre pour contrecarrer l'indépendance du Katanga. La guerre même contre le Katanga par la coalition des troupes congolaises et celles des Nations-Unies a été le début de l'œuvre destructrice de cette province. Le Katanga a ainsi perdu son statut spécial pour devenir totalement dépendant de Léopoldville. Dorénavant tout se décide à Léopoldville. Le Katanga est amputé de ses recettes qui cette fois-ci doivent renflouer les caisses de la province mère.

En 1964, le Congo est passé du multipartisme au monopartisme. Le président MOBUTU a mis en place un régime dictatorial caractérisé essentiellement par le culte de la personnalité et la terreur. L'ennemi numéro un de ce régime était le Katangais qu'il qualifiait déjà de rebelle. Pour satisfaire aux idées de leur président, tous les Congolais sont devenus hostiles aux Katangais.

L'impact de l'environnement politique du Katanga sur son développement

L'instabilité politique du Congo a engendré une société des citoyens oisifs et aliénés dont la plupart semble avoir été affectés par l'idée selon laquelle le Katanga est un paradis qui résoudrait tous les problèmes congolais, d'où la nécessité de le prendre en otage. Cette utopie qui fut à la base de la doctrine du Mobutisme propagée par des enseignements de la MOPAP[89] a fini par aliéner presque tous les Congolais. C'est ainsi qu'un important mouvement migratoire a vu le jour au Congo, amenant massivement orphelins, veuves, jeunes désœuvrés et chômeurs de tous les coins du pays vers les grands centres du Katanga. Le fleuve Lualaba appelé Congo à son embouchure, les lacs Tanganyika et Moero ont attiré les nouveaux venus vers Bukama, Kalemie et Mpweto pour y ériger des centres commerciaux des poissons.

Tandis que la GECAMINES, (ex Union Minière) dont les installations sont disséminées à travers les villes de : Lubumbashi, Kipushi,

---

[89]MOPAP : Mobilisation Propagande et Animations Politiques (une des branches du MPR parti-Etat).

Likasi, Kambove, Kolwezi et Luena, ont attiré beaucoup d'autres émigrés vers ces grands centres miniers pour y chercher de l'emploi.

Le Katanga devenu cosmopolite, devra dorénavant faire face à des problèmes multiformes et plus souvent insolubles qui finiront par déchirer complètement son tissu social et économique. Dans la nouvelle société Katangaise, la haine prêchée par la doctrine Mobutiste contre les Katangais dans les discours présidentiels les qualifiant de « rebelles » apparaît comme un fléau qui génère des guerres civiles et tant d'autres conflits sociaux. On constatera ensuite que d'une part, des citoyens venus d'autres provinces se regroupent par solidarité autour d'une classe détenant le monopole sur toutes les ressources rares du Katanga.

Il s'est ainsi instauré un cloisonnement social tel que les inclus peuvent jouir des avantages sociaux et économiques de la province et bénéficier d'un statut de fait qui les place au-dessus des Katangais. Ils forment alors une communauté d'intérêt qui domine et exploite les Katangais considérés comme des Under-class.

D'autre part, une sorte de solidarité se forme aussi entre les exclus qui sont en état perpétuel de revendication d'une autonomie ou tout simplement d'une indépendance. On assiste ainsi à deux sociétés conflictuelles condamnées à cohabiter malgré elles.

Cet état de choses a fini non seulement par freiner le développement du Katanga, mais aussi à déchirer complètement son tissu économique. Car les gouvernants qui n'étaient qu'originaires d'autres provinces, - excepté à notre connaissance, un certain KOYAGIALO, originaire de la province de l'équateur qui a pu reconstruire l'avenue SENDWE au centre-ville de Lubumbashi - se sont décidés de ne rien construire ni entretenir au Katanga sinon de piller les derniers publics dans les caisses de l'Etat et les entreprises publiques. Ainsi les routes et ponts qui relient les centres urbains aux milieux ruraux se dégradent au jour le jour sous les yeux impuissants des Katangais. Les centres hospitaliers, les écoles et autres bâtiments communautaires s'écroulent sans que personne ne prenne l'initiative de les remettre en état, cette initiative ne pouvant venir que de Kinshasa. L'insalubrité s'installe dans tous les centres urbains entraînant des épidémies qui déciment des populations qui n'ont plus moyen de se faire soigner dans des hôpitaux dépourvus de produits pharmaceutiques.

Les dirigeants des entreprises qui eux aussi n'ont été qu'originaires d'autres provinces ont brillé par un pillage systématique des revenus de vente de produits dans les entreprises qu'ils dirigeaient.

Pour illustrer cette situation partons d'un seul exemple de la GECAMINES. La GECAMINES, ex-Union Minière du Haut-Katanga a été l'une des géantes parmi les sociétés minières d'Afrique.

Les originaires d'autres provinces y ont occupé des postes stratégiques. Ainsi chefs de services, contremaîtres et autres s'étant positionnés dans ces postes, se sont adonnés au vol intellectuel des biens de la Société. Matériaux de construction, pièces de rechange, deniers publics, sortaient facilement au moyen de faux documents au profit de quelques communautés installées au Katanga.

De vol simple au pillage systématique, la ruine de la GECAMINES s'en est suivie. Aujourd'hui, cette géante n'est plus que désolation. Le reste de ses travailleurs se contentent de descendre forcément dans des mines sans pour autant être payés pendant plusieurs années. Les quelques recettes qu'ils font entrer dans les caisses vont directement à Kinshasa pour servir à la construction de somptueux édifices.

Par la suite, cette géante a fini par être morcelée pour être vendue aux étrangers. Les uns se sont accaparés de l'historique Mine de Kamoto et l'usine d'électro-raffinage de Luilu pour en faire ce qu'on appelle aujourd'hui KAMOTO COPER COMPAGNY (KCC en sigle). Les autres, la partie comprise entre la localité de Lualaba et la gare Kisenda pour en faire MUTANDA MINING (MUMI en sigle). Quant aux mines de DIKULWE et MASHAMBA devenues SICOMINE ont été cédées aux chinois sur base d'un contrat sino – congolais qui a été fortement controversé par les occidentaux. La liste est non exhaustive.

Le bradage du sous-sol Katangais par les poids lourds de Kinshasa ne cesse de faire couler de l'encre et de salive dans les milieux financiers internationaux. Il constitue en outre un scandale tant éblouissant qu'ahurissant. Qui n'a pas entendu dire et redire qu'il fallait revisiter les contrats léonins en RDC ? Quel sens donner à ces exigences persistantes des occidentaux en général, de la Banque mondiale et du Fond Monétaire et autres en particulier ?

Devant cette situation, le Katangais s'y trouve sans autre façon de se qualifier que comme le dindon de la farce. Car sa part du revenu de l'exploitation des minerais par les nouveaux acquéreurs se limite au constat des trous béants d'où sont puisés cuivre et cobalt. Les longs camions transportant ces minerais vers les pays étrangers défilent par centaines jour et nuit ne laissant derrière eux que la poussière qui couvre les taudis qui environnent les usines comme pour les gratifier de leur passivité.

Dans ces nouvelles entreprises, 70 % des ouvriers sont recrutés ailleurs qu'au Katanga, hormis à KCC où une bonne partie de travailleurs provient de l'héritage de la partie amputée à la GCM. Voici le tableau si sobre auquel assistent sans droit de réplique les Katangais.

D'où une misère généralisée au Katanga. Il n'y a que des hommes lâches qui peuvent accepter de demeurer éternellement dans un pareil état. Au contraire les Katangais doivent comprendre que la libération de leur province est non seulement indispensable, mais aussi fatale. L'exploitation des Katangais par d'autres peuples, leur étouffement et leur marginalisation, leur domination par les émigrés à tel point qu'ils ne sont libres ni d'expression ni de pensée, sont des raisons qui militent pour la libération de leur province.

4. QUELLE SORTE DE LIBERATION POUR LE KATANGA ?

Pour libérer le Katanga, il faut d'abord libérer le Katangais. Il importe peu de chercher à isoler le territoire du Katanga de la Mosaïque coloniale. Ce qui importe, c'est de libérer l'esprit de l'homme Katangais. Car la meilleure liberté est la liberté d'esprit. Notre ouvrage parle de l'emprisonnement du Katanga. En réalité, le véritable prisonnier c'est le Katangais. C'est l'homme Katangais qui est le plus emprisonné. Car son emprisonnement se situe à deux niveaux. Au niveau de l'esprit et à celui de son environnement.

a) Au niveau de l'esprit.

C'est dans son imagination que le Katangais se croit être pauvre alors qu'il ne l'est pas. C'est avec ses propres yeux qu'il voit sa pauvreté. Or on ne voit mieux qu'avec le cœur dit Antoine de Saint EXUPERY, car l'essentiel est invisible pour les yeux. S'il était spirituellement libre, avec son cœur, il constaterait d'abord qu'en lui donnant deux bras, deux jambes, deux yeux, deux oreilles, un souffle de vie couronnée d'une intelligence, Dieu le combla d'une énorme richesse. Il constaterait ensuite que tout son univers n'est que richesse. Un sol fertile, une faune et une flore riches et sans limite ; Deux saisons régulières, une hydrographie abondante.... de quoi se réjouir jour et nuit.

C'est aussi dans son esprit qu'il croit que son bonheur ne dépend que des autres alors que c'est lui-même l'artisan de son propre bonheur. Le Katangais préfère être prolétaire dans une entreprise capitaliste qu'être maître de ses cheptels. N'est-ce pas un renoncement à la liberté et une acceptation de la servitude ?

On ignore beaucoup de choses, même les plus élémentaires quand on est spirituellement captif. Plusieurs fois les Katangais ont pris des armes pour conquérir leur liberté et leur indépendance. Ils semblent ignorer qu'il n'y a que le travail qui libère l'homme et le rend indépendant. Et la meilleure guerre qu'on puisse mener, c'est celle du ventre.

Dans le monde actuel, les hommes sont enclins à céder généralement aux instincts grégaires pour revendiquer la liberté. « .... Or le troupeau ne connaît pas la liberté[90] ».

La liberté collective ne profite pas à tous les membres. La meilleure liberté est la liberté individuelle. A ce sujet, NAPOLEON pense que « Dans les révolutions, il y a deux sortes de gens : Ceux qui les font et ceux qui en profitent[91] ».

b) Au niveau de son environnement

Le mot environnement signifie ce qui entoure, ce qui constitue le voisinage,

---

[90]BERDJAEFF, cité par BARTHELEMY,J., op. Cit. p.14
[91]DAVISTER, P., op Cit p.88

ensemble des éléments naturels et artificiels qui entourent un individu animal, végétal ou une espèce ; ensemble des éléments objectifs qui constituent le cadre de vie d'un individu.

La plupart de ressortissants d'autres provinces congolaises vivant au Katanga ne savent pas pourquoi ils ont quitté leurs provinces d'origine. Certains les ont quittées parce qu'ils ignorent les richesses qu'elles renferment.

Comme l'homme a toujours tendance à croire que l'herbe est trop verte dans le pré voisin, ils ont cru que le Katanga est un paradis où la manne tombe du ciel. Ainsi sont-ils venus au Katanga pour chercher à gagner dans la facilité. Ce qui les a souvent conduits à la délinquance.

C'est pour cette raison que les Katangais se trouvent entourés de gens qui cherchent toujours à les dominer, à les spolier ou à les exploiter. Et c'est cet environnement qui constitue une autre cause de leur captivité. Or, les Katangais ont souvent pensé que c'est en chassant les non originaires du Katanga qu'ils peuvent accéder à la liberté. De notre part, nous pensons qu'il vaut mieux assainir cet environnement de manière pacifique. Ainsi donc, pour libérer les Katangais, il faut aussi libérer les non-Katangais qui les entourent. Par un bon encadrement, on peut les rendre utiles. Par des enseignements de géographie et de l'histoire de leurs provinces d'origine, on peut ainsi les obliger à en avoir l'amour et le désir d'y retourner volontairement.

A ce propos il convient de brosser un tableau des richesses relatives aux cinq provinces situées au Nord et au Nord-ouest du Katanga, pour démontrer que chacune d'entre elles regorge d'énormes richesses.

1) Le Kivu

Le Nord du Kivu est constitué essentiellement par les monts Virunga. Ces monts forment une série des volcans dont les plus connus sont le Kirisimba, le Nyamulagira, le Nyiragongo, le Mikeno et le Sabinio. Les éruptions volcaniques qui s'y produisent déversent dans la région du Lac une lave qui donne un des meilleurs sols du bassin congolais. Ce sol favorisé par un climat de montagne où il pleut toute l'année est particulièrement propice à l'agriculture.

Les Européens y expérimentèrent une culture intensive du café Arabica et du thé qui donnèrent de très bons résultats. Les Allemands y cultivèrent du quinquina d'origine indienne jusqu'à monter une très grande usine de quinine, la Pharmakina. Le coton et l'huile de palme furent la part du petit commerce. Les habitants du Kivu pratiquent aussi une culture traditionnelle des bananes, de maïs, de sorgho et de patates. La canne à sucre cultivée dans la vallée de Ruzizi, a donné naissance à une industrie alimentaire de Kiliba.

La région du Kivu est également favorable à l'élevage. Les hamites du Kivu sont des pasteurs qui élèvent le gros bétail. Les missionnaires de leur part, tiennent les élevages les plus considérables.

Le lac Kivu contient 75 milliards de m^3 de gaz méthane. La province de Kivu abrite deux parcs : Le Virunga et le Kahuzi-Biega. Le premier est le plus beau du pays et constitue une végétation d'une rare variété et une faune très riche qui favorisent le tourisme dans la région. Il contient également le Pétrole. Le sous-sol du Kivu contient aussi des minerais comme le pyrochlore qui contient du NIOBIUM, l'étain auquel sont associés le colombo tantalite, la wolframite et le Béryl, la cassitérite, la SOMILU (une société minière située au Nord de GOMA) exploitait le NIOBIUM au Kivu. On pratique la pêche dans les lacs Kivu et Tanganyika.

2) **Le Kasaï.**

La province du Kasaï est une portion de terre qui s'étend sur un terrain antérieur au carbonifère moyen. Un terrain constitué de socle et essentiellement très riche en diamant. La grande richesse du Kasaï est constituée par les gisements de ces minerais dans la région de Mbuji-Mayi et Tshikapa. Le diamant du Kasaï est exploité par la Société minière la « MIBA ».

Le Kasaï comme le Katanga a un climat sec qui lui donne droit à une demi-année de saison de pluie grâce à laquelle son agriculture est prospère. Celle-ci produit le maïs, le manioc, le riz et le millet en économie traditionnelle. Elle produit l'huile de palme, le café et le coton en économie moderne.

Les Européens y ont promu la culture du caoutchouc et l'élevage des bétails qui ont donné de très bons résultats. L'énergie est fournie par les rivières Kasaï, Sankuru, Lulua et autre qui toutes sont navigables sur de longs trajets.

3) **Léopoldville (Kinshasa)**

Léopoldville est une contrée que le bon Dieu combla de très grandes richesses. C'est son arrière-pays qui ouvre tout le Congo à la mer. En 1959, les ports de Boma (Ango-Ango) et de Matadi logés sur la moitié du fleuve Congo ont manié 62,9% du tonnage total du trafic congolais et firent ainsi de Léopoldville un grand centre commercial.

Le cours inférieur du fleuve Congo (de Léopoldville à l'embouchure) ménage plusieurs rapides susceptibles de produire de l'énergie électrique. C'est ainsi qu'aux chutes de Yalela est placé le barrage d'INGA, un des gigantesques du monde. Exploité à bon escient, ce barrage peut à lui seul faire prospérer l'économie de Léopoldville par l'exploitation de son énergie électrique.

Drainé par le fleuve Congo et plusieurs de ses affluents, Léopoldville connaît une agriculture très riche. Grâce à la culture de palmiers, le Congo était classé 6ème producteur mondial d'huile de palme. En plus d'un climat tropical sec, Léopoldville a aussi un climat équatorial qui lui fait bénéficier d'une large forêt qui lui produit du bois.

A côté de plusieurs produits dans l'agriculture moderne, la culture de cacaoyer, canne à sucre (sucrerie de Kwilu-Ngongo), caféier est très poussé. Il existe des gisements de pétrole dans la région de Moanda.

Les usines d'huile, la sucrerie de Kwilu-Ngongo, les scieries et usines de traitement de bois au Mayumbe, la raffinerie de pétrole de Kinlao, les centrales de Zongo, de Sanga et Mpozo relayées par celle d'Inga mettent en évidence les richesses de cette région du Congo.

4) L'Equateur

Cette région bénéficie du climat équatorial qui fait d'elle un domaine agricole et forestier par excellence. Le bois y est exploité pour l'exportation et l'agriculture y est prospère. On y cultive le palmier qui produit de l'huile de palme, le caféier (Robusta), le cacaoyer (Lisala et Gemena), l'hévéa brasiliensis qui produit du caoutchouc. Les Européens y pratiquèrent également la culture de coton qui donna de meilleurs résultats.

5) La province orientale

Cette région a d'importants gisements d'or exploité par la société Kilomoto. L'agriculture y est prédominée par la culture du cacaoyer, du caoutchouc, le thé et le papayer. Sur son parcours, le fleuve Congo offre à la province Orientale 1.850 Km de voie navigable favorable au trafic fluvial. En outre, cette province peut effectuer le commerce avec ses voisines :

Uganda, Soudan et l'Afrique équatoriale française.

Ce survol sur l'environnement géographique du Congo met en évidence la possibilité qu'a chaque province du Congo de se suffire et de vivre sans le Katanga. Ce que les Katangais doivent faire, c'est d'intensifier l'enseignement de cet aspect géographique des provinces voisines du Katanga dans les écoles primaires et secondaires. Ils doivent exhorter les ressortissants d'autres provinces à prendre courage de rentrer chez eux pour redresser l'économie de leurs provinces respectives.

Dans les églises comme dans les écoles, ils doivent prêcher et enseigner à leurs hôtes la manière dont leurs provinces sont arrivées au chaos. Par des leçons de l'histoire du Congo, ils doivent leur faire savoir que c'est par l'instabilité politique du pays que l'économie de leurs provinces a régressé.

Etant passé de la colonisation à l'indépendance du pays, de la privatisation à la nationalisation des entreprises, du multipartisme au monopartisme, les nationaux ont pris en charge la direction de tous les secteurs du pays ; ayant brillé par l'incapacité de diriger eux-mêmes les entreprises à peine nationalisées, les acquéreurs congolais se sont adonnés au pillage des deniers publics et au transfert des devises dans des banques étrangères.

Considérant que de tout le temps le Katanga produisait à lui seul 60% à 80% de revenus du Congo, ces provinces à l'économie déchue ont cru que leur survie dépendrait essentiellement du Katanga. Il faudra de ce fait, leur faire voir que cette chimère est l'œuvre des occidentaux qui disaient que le « Congo ne peut vivre sans le Katanga tandis que le Katanga seul peut vivre sans le Congo ». C'est cette chimère qui anime dorénavant toutes les populations environnantes du Katanga incapables de redresser la situation de leurs provinces aussi riches que nous venons de le démontrer. Ce sophisme devenu la religion nationale a considérablement perturbé l'organisation de la province du Katanga à cause de l'immigration dont elle a été victime.

Car, l'esprit de travail a disparu parmi les masses jadis laborieuses comme pour répondre au slogan du président MOBUTU qui scandait depuis 1965 que : « Heureux le peuple qui chante et qui danse » - comme s'il ignorait que la cigale ayant chanté tout l'été se trouva fort dépourvue... Aux yeux de ces populations environnantes qui sombraient cette fois dans l'oisiveté, le Katanga était pour eux une vache à lait. D'une manière ou d'une autre il fallait jouir des ressources du sol et du sous-sol Katangais. Pendant qu'on travaille au Katanga, à Kinshasa tout le monde veut devenir star de la musique. Le Kasaï jadis grenier du Katanga est devenu le principal importateur du maïs et du manioc du Katanga.

Porté à la connaissance des ressortissants d'autres provinces, cet aspect des choses les amènera lentement mais sûrement à déduire que rester au Katanga c'est fuir leur responsabilité qui les attend chez eux. A savoir, ils doivent vite retourner chez eux pour relancer l'économie et la ramener à l'état où les Belges l'ont laissé. Cela n'est pas impossible du tout, mais il leur faudra du courage et de la bonne volonté.

Il convient donc pour le Katanga une libération spirituelle de ses populations. Que cette libération soit individuelle avant d'être collective. Mais dans tous les cas, les Katangais doivent aspirer à une indépendance sans violence. Il faut rejeter toute idée d'une indépendance du genre Palestinien. Ils devront ainsi écarter l'idée de détacher le Katanga du reste du territoire Congolais car aussitôt qu'ils seront isolés, ils vont s'entretuer par des guerres civiles qui naitront du clivage traditionnel entre les nordistes et les sudistes.

5. Comment libérer le Katanga

La plupart des pays africains qui se sont lancés dans la conquête de la liberté semblent n'avoir pas atteint leur objectif. Ils se sont proclamés indépendants alors qu'ils sont aujourd'hui plus dépendants qu'ils ne l'étaient avant 1960. Ils ne peuvent disposer de rien qui ne leur vienne des puissances étrangères. Leur économie est par terre et ne peut être redressée que par la volonté des occidentaux. Si l'on examine les causes de leur échec, on constate qu'ils ne se sont pas préparés avant de se proclamer indépendants. Même si le courant des idées négro-africaines ont été riches pour orienter une révolution africaine, celles-ci n'ont souvent atteint que quelques élites intellectuelles. Et c'est dans la précipitation que ces derniers ont entraîné leurs compatriotes dans une révolution sans issue. Quelques rassemblements populaires ont suffi pour convaincre des populations entières à réclamer une indépendance dont ils n'ont jamais saisi le sens profond.

C'est le cas du Congo belge qui, sans maturité politique et sans nombre suffisant d'élites intellectuelles capables d'assurer la relève de la direction du pays, s'est précipitamment proclamé indépendant. Aujourd'hui, ce pays est en train de sombrer dans la misère la plus noire et brille par une mendicité la plus honteuse.

En effet, une vraie révolution doit être préparée. Elle doit partir d'une prise de conscience de la population victime d'une oppression imminente. Elle doit aussi être illuminée par des idées messianiques suffisamment développées et propagées par des hommes sages et inspirés.

Si nous prenons à titre d'exemple le cas des révolutions occidentales, nous allons constater que les inégalités engendrées jadis dans certains pays par des colonies, les monarchies absolues et toutes autres sortes de régimes despotiques, ont poussé les philosophes et écrivains à développer des idées nouvelles sur l'organisation politique, sociale, religieux et économique de leurs sociétés. La plupart de souverains qui gouvernaient sans partage selon la doctrine du droit divin se sont vus confrontés à une nouvelle conception philosophique du droit naturel des hommes à disposer d'eux-mêmes.

C'est ainsi que MONTESQUIEU, dans l'esprit des lois (1748) soutient la monarchie parlementaire et la séparation de trois pouvoirs. Le philosophe allemand LOCKE (1704) s'insurge contre la monarchie absolue qui porte atteinte aux droits naturels (liberté, égalité, propriété) garantis par un contrat social. VOLTAIRE souhaite un Etat souverain séparé de l'Eglise où le monarque serait assez éclairé pour "sage à tout" et ne point prodiguer ses faveurs à un genre de mérite à l'exclusion des autres, comme tant de princes qui favorisent, non ce qui est bon, mais ce qui leur plaît.

En plus des idées politiques, il y eut plusieurs autres nouvelles idées sociales, religieuses et économiques dont l'idéal était de voir tous les hommes libres et égaux. Ce sont ces idées qui engendrèrent des indépendances, des reformes et de grandes révolutions connues en Occident.

Il est souhaitable que le Katanga s'inspire de ce modèle occidental pour se libérer. La première des choses à faire c'est de propager des idées nouvelles entre les Katangais afin de les amener d'abord à prendre conscience de la misère leur imposée par les autres.

La libération du Katanga doit faire l'objet d'un processus. Car on ne peut libérer un peuple assujetti comme on libère un troupeau des moutons enfermés dans un enclos. Ce processus de la libération du Katanga devra être déterminé par des éléments que nous venons de donner au début du présent chapitre.

Ce processus se présente de la manière ci-après :

- La libération spirituelle de l'homme Katangais.
- La libération du ventre.
- La libération consensuelle du Katanga.

a) La libération spirituelle de l'homme Katangais

Il sera très délicat de chercher à libérer un Katangais qui se croit libre alors qu'il ne l'est pas. Tout comme il est difficile de faire boire de l'eau à un âne qui n'a pas soif, il sera aussi difficile de libérer un Katangais qui préfère la vassalité à la liberté. Généralement, l'homme dans la plupart de cas, préfère l'esclavage à la liberté. Un exemple de la Bible nous révèle qu'après la sortie de l'Egypte, les enfants d'Israël à peine libérés de l'esclavage se mirent à murmurer contre Moïse et lui dirent pour la première fois : « Si seulement nous étions morts de la main de Jéhovah au pays d'Egypte alors que nous étions assis près des marmites des viandes, alors que nous mangions du pain à satiété, car vous nous avez fait sortir dans ce désert pour faire mourir de faim toute cette congrégation » (cfr. Exode chapitre 16 :3).

En effet, il existe jusqu'à ce jour plusieurs Katangais qui ignorent qu'ils sont dominés et exploités par d'autres peuples. Ils ignorent que le cobalt et le cuivre qu'ils exploitent dans des mines du Katanga engraissent quelques fainéants venus d'ailleurs pendant qu'eux-mêmes n'arrivent pas à nouer les deux bouts du mois.

Ils ignorent encore que pendant qu'ils s'épuisent par de durs travaux des mines, des concentrateurs et des fours sans pour autant être payés, à Kinshasa on festoie l'inauguration d'un marché ou d'un monument dont la construction vient de s'achever au prix d'une somme colossale provenant de leur labeur.

Quelques-uns de nos frères Katangais vivant à nos côtés semblent ignorer que le produit de vente des minerais provenant du Katanga sert à l'embellissement de Kinshasa. Il sert aussi à l'aménagement des hôpitaux de la capitale congolaise et à leur approvisionnement en produits pharmaceutiques pendant que ceux du Katanga deviennent progressivement des mouroirs. Ils semblent encore ne pas savoir que quand on travaille au Katanga, à Kinshasa on se repose et on danse le « NDOMBOLO[92] ». Ou encore qu'à Kinshasa

---

[92]NDOMBOLO : Une danse très populaire à Kinshasa.

l'oisiveté paie tandis qu'au Katanga le travail appauvrit.

Pour libérer le Katanga, il faudrait d'abord que toutes ces réalités qu'ignorent la plupart de ses populations puissent atteindre le fond de leur cœur, de sorte que l'exaspération de leur misère puisse les révolter spontanément. C'est ce que nous entendons par la libération spirituelle de l'homme Katangais. Il s'agit de faire en sorte qu'ils prennent unanimement conscience de leur situation réelle par rapport à d'autres congolais.

Pour atteindre cet objectif, il faut qu'il y ait beaucoup d'écrivains Katangais. Il faudra que ces écrivains déploient beaucoup d'effort pour retracer fidèlement l'histoire du Katanga. Chacun selon ses capacités devra rechercher les causes de la pauvreté de leurs compatriotes et les méthodes par lesquelles ils sont exploités et chosifiés par des expatriés et émigrés. Qu'ils s'efforcent de déterminer la part du profit que les Katangais tirent du cuivre, du cobalt, du zinc et de tous les autres minerais exploités dans leur province. Qu'ils expliquent aussi s'il existe des raisons pour qu'au Katanga où existent de puissants barrages hydroélectriques, Franqui sur la rivière Lufira à Mwadigusha, Delcommune et le Marinel sur le fleuve Lualaba..., 50% de maisons d'habitation soient encore éclairées par le bois de chauffage jusqu'à ce jour. Est-ce l'insuffisance de ces barrages qui en est la cause pour que soit justifié le transport du courant électrique d'Inga se trouvant au Bas-Congo vers le Katanga. Si tel n'est pas le cas, il faudra que les écrivains Katangais cherchent à rétablir la vérité dans les œuvres qu'ils auront à produire.

Ces quelques aspects ainsi éclaircis pour compléter l'histoire du Katanga qu'ils auront à retracer, les écrivains Katangais auront ensuite la lourde tâche d'assurer une large distribution de leurs ouvrages à travers le Katanga d'abord, le Congo ensuite et enfin le monde tout entier. Cette distribution devra se faire de sorte que les Katangais soient chacun en possession d'un exemplaire de chaque ouvrage dès son apparition.

Selon la coutume des Katangais, la tradition orale se communiquait en famille autour d'un foyer le soir. Les chefs de famille adopteront le même système pour propager les nouvelles idées entre les membres.

L'histoire du Katanga ainsi retracée, les idées nouvelles de différentes élites Katangaises propagées à travers toute la province, nous sommes persuadés que le Katangais aura franchi une étape importante sans quoi, toute idée de Libération du Katanga ne serait qu'une chimère.

b) La libération du ventre

Par la libération du ventre, entendons l'action de sortir un individu ou un groupe d'individus de la disette vers l'abondance ou même la surabondance. Il est fort difficile à un esclave de contredire son maître. La raison en est que celui-ci lui priverait de sa nourriture. L'Amérique s'étant faite maître du monde par la distribution des vivres et différentes aides aux pays les plus démunis, ces derniers ne peuvent rien faire qui porte atteinte à sa suprématie sans être frappé d'embargo. Dès qu'ils sont privés de l'aide provenant de l'Amérique ou de ses alliées, ces pauvres pays sont contraints à revenir sur leur décision pour finir par se soumettre.

Il sera très difficile aux Katangais de se libérer tant que leur ventre sera dépendant de l'importation des graines de maïs de la Zambie ou des poissons d'Afrique du Sud.

Il faut que les Katangais retournent à la terre. Il faudra qu'ils cultivent des champs sur de grandes étendues par des méthodes modernes. Il faut qu'ils développent la pèche dans toutes les rivières qui sont presque toutes assez poissonneuses. Il faudra faire en sorte qu'au bout de quelques années, les Katangais puissent s'auto-suffire en denrée alimentaire et entasser le plus de réserves possibles pour que soit bannie à jamais la faim et que l'on ne parle plus de l'importation ou d'aide extérieur dans ces domaines.

Au Katanga il y a de la terre très fertile pouvant permettre à chaque Katangais de disposer de plusieurs étendues de champs de toutes sortes de cultures pourvu que chacun d'entre eux ait la volonté de retourner à la terre.

Quand chaque Katangais pourra manger à sa faim tout en disposant de beaucoup de vivres qui lui serviraient de réserve, il aura déjà vaincu le plus grand ennemi de la révolution. Et à ce stade, les Katangais seront déjà à moitié libérés.

c) La libération consensuelle

Le Congo actuel, sous la contrainte des puissances occidentales est en train de se rechercher pour devenir un pays démocratique. A la mort de Laurent Désiré KABILA, son fils Joseph KABILA à qui le pouvoir a été confié, a pris l'engagement de conduire le peuple vers les élections libres, démocratiques et transparentes. Dans l'esprit de voir aboutir le processus électoral qu'il a mis en place, le Congo pourrait disposer des institutions fiables dont un parlement qui respecterait l'équilibre géopolitique. C'est au terme de ce processus que les élus du Katanga auront la possibilité et la lourde tâche de négocier la libération du Katanga au sein du parlement qui sera mis en place.

A l'instar du présent ouvrage, quand plusieurs autres écrits qui auront retracé le passé du Katanga et révélé certaines réalités ignorées jusqu'à ce jour au sujet de l'emprisonnement du Katanga, ceux-ci constitueront les arguments sur lesquels reposera cette négociation. Comme la raison finit toujours par triompher, nous pensons qu'une pareille négociation aura pour aboutissement le vote d'une nouvelle loi sur l'indépendance du Katanga. Si nous parlons de l'indépendance du Katanga, nous pensons à tout mode de gestion qui pourra donner aux Katangais la possibilité de jouir de la richesse du sous-sol de leur province. C'est le cas de la mise en place d'un Congo totalement fédéral ou confédéral.

Pour notre part, nous optons pour un Congo confédéral comme mode de gestion. Ce mode ayant fait de certains pays du monde comme les Etats-Unis d'Amérique réellement démocratiques et partant, prospères, nous pensons que le Katanga sera également prospère, car, libéré de l'oligarchie financière de Kinshasa.

Arrivé au terme de notre travail, nous sommes heureux d'avoir porté à la connaissance de nos compatriotes quelques renseignements utiles à la manifestation de la vérité, du fait que cette vérité peut affranchir l'homme comme nous l'avons dit au début.

Nous serons beaucoup plus heureux encore lorsque nous verrons quelques dignes fils du pays animés par le même souci, propager au moyen de la plume beaucoup plus d'autres renseignements complémentaires sur le Katanga. Car, c'est ainsi que nous aurons tous contribué à l'œuvre libératrice du Katanga.

Le libérateur du Katanga, c'est le Katangais lui-même. L'essentiel pour les Katangais est de se rendre compte qu'il est injuste d'être non seulement pauvre en plein paradis, mais aussi d'en chercher les causes et d'y apporter le remède. Les causes de la misère des enfants du Katanga ayant été suffisamment exposées dans le présent ouvrage pensons-nous, il est temps qu'ils se mettent à l'œuvre pour dire non à leur assujettissement. Il est l'heure de répondre à l'appel de Joseph KIWELE qui, dans son hymne national les avait appelés à aller, à marcher, à défendre le Katanga jusqu'à la mort, avec leurs bras, leur sang et leurs dents.

Par un processus allant de la libération individuelle à la libération collective, de la libération du ventre à la libération négociée, nous pensons que le Katanga vaincra si ses enfants s'y appliquent à bon escient.

Malgré le prochain découpage de la Province du Katanga, l'espoir des Katangais ne doit pas s'effriter, car l'article 4 de la constitution a prévu le regroupement des provinces découpées.

Le découpage de la Province du Katanga sera réalisé par des hommes qui après un temps vont passer. Le regroupement des quatre provinces à venir sera réalisé plus tard par d'autres hommes. Enfin, il y a un temps pour chaque chose, un temps pour déchirer et un temps pour coudre (Ecclésiaste 3, 7), il y a aussi un temps pour démembrer et un temps pour regrouper. Les hommes passent, les institutions restent dit-on.

BIBLIOGRAPHIE

[1]- BERTHELEMY, J., Structure et dimension de la liberté.

[2]- CORNET, R.J., Sommaire de l'histoire du Congo belge, Les éditions EL CUYERS, 108 av. des cérusiers, Bruxelles, 1948.

[3]- CORNET, R.J., Le Katanga avant les belges, Les éditions EL CUYERS, rue Hoblema
   a.   , 43 Bruxelles, 1946.

[4]- DAVISTER, P., Katanga, enjeu du monde, Editions Europe-Afrique office international de librairie, 45e Rue de Bde, Paris VIIe, 1960.

[5]- DESCARTES R., Discours de la méthode, Librairie Marcel Didier, Paris, 1971, France.

[6]- DIKA-AKWA AYA BAMBELA, P., Les problèmes de l'anthropologie de l'histoire africaine, Editions CLE, Yaounde, 1982.

[7]- G.F. et DONNAY, H. Lumumba Patrice, les cinquante derniers jours de sa vie, Edition Crisp, 35 Rue du Congrès Bruxelles 1, 27 Rue Jacob, Paris 6°, 1966.

[8]- DUYSTERS, Histoire des ALUUNDA, Problèmes d'Afrique, 1958.

[9]- Gerand-LIBOIS, Sécession au Katanga, imprimerie D. Van KEERBERGHEN et fils, 101 Rue Piers-Bruxelles 8, 1963.

[10]- KAUMBA et père NGOY KALUMBA UMPUNGU, L., Le Katanga et la transition zaïroise, Editions du centre Interdiocésain Lubumbashi, 1995.

[11]- LALO LUFUNGA J.B., La voix de l'indépendance du Katanga, Tome II, Lubumbashi, mars 1997

[12]- LERBAK, Ngandyetu, The central mission press P.O.Box 475 Cleveland, Transvaal 1963, Ed. Méthodiste Elisabethville, Congo.

[13]- MBANGU A MUKAND, J., Le Katanga et son destin, Editions GMB Investra, Lubumbashi, République du Zaïre.

[14]- MICHALON T, Quel Etat pour l'Afrique, Paris, Ed. l'Harmattan, 1984.

[15]- MINTZEBERG, H., Structure et dynamisme des organisations, Edition d'organisation 5, Rue Rousselet 75007, Paris.

[16]- MUSSOLINI B, La doctrine du Fascisme, Milan, 1932.

[17]- MWAROHA, E., L'histoire du Burundi, Edition Hâtier, Paris, 1987.

[18]- NGBANDA NZAMBO-KO-ATUMBA, H., Afrique, démocratie piégée, 14110 Condé-sur-Noireau, France, 1994.

[19]- SAMBA, Congo nouveau, réalités politiques et diplomatiques de la République du Congo, Edition 1970 - SAMITEX-CONGO.

[20]- Colonel TRINQUIER, DUCHEMIN J. et LE BAILLY, J., Notre guerre au Katanga, Edition de la pensée moderne, 8 Rue Monsieur le Prince, Paris 6°.

[21]- VERHAEGEN. IRES, Rébellion au Congo Tome II, BP. 257- Kinshasa XI, 40 rues du champ de mars 1050, Bruxelles.

[22]- A Study of Historical and Socio-Economic factors influencing the Development of Church, in the Democratic Republic of Congo, a publication of the world Division of Board of mission the Methodist Church.

[23]- Encyclopédie du Congo belge Tome I., Edition Bielevard, 22 Rue de la Concorde, Bruxelles.

RENSEIGNEMENT SUR L'AUTEUR DU LIVRE « LE KATANGA PRISONNIER DE LA MOSAÏQUE BELGE »

- Défenseur judiciaire près le Tribunal de Grande Instance de Kolwezi
- Ancien officier de Police Judiciaire et Commandant Chargé des recherches et investigations criminelles à la GECAMINES – EXPLOITATION
- Licencié en Droit Privé et Judiciaire.
- Gradué en Management.

PERSONNAGE CITES

Jahson SENDWE – Président de la Balubakat

Dr. MOISE KAPENDA TSHOMBE
Président de l'ex-Etat indépendant du
Katanga devenu Premier Ministre du
Congo

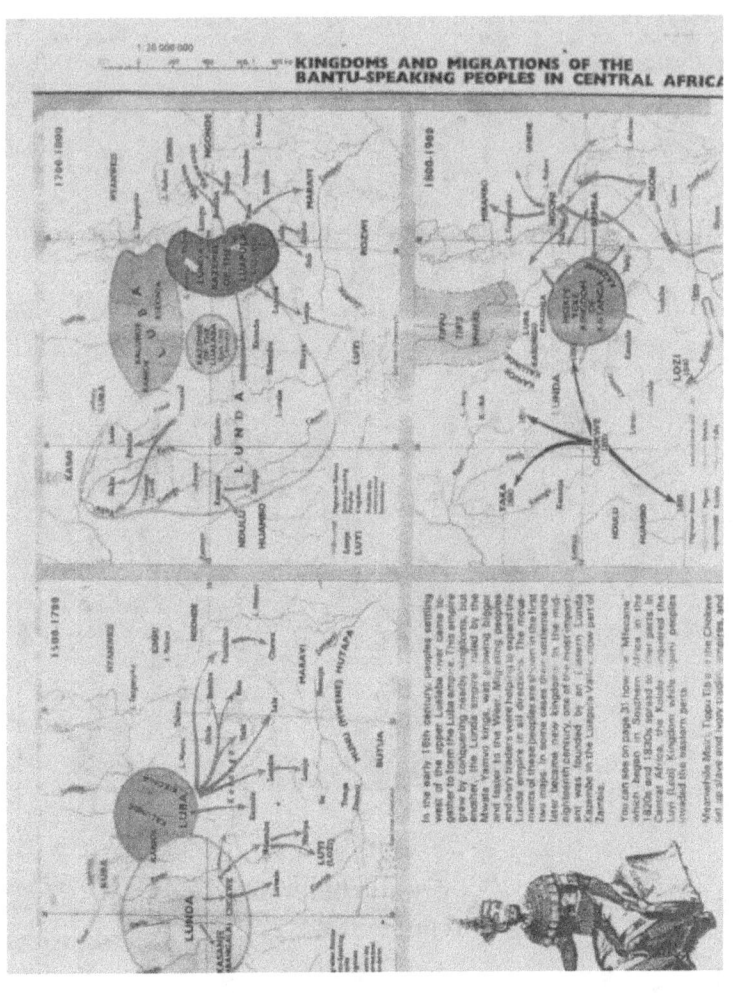

Les empires du Congo pré-colonial

**Le grand chef Msiri du
Royaume des Bayeke**

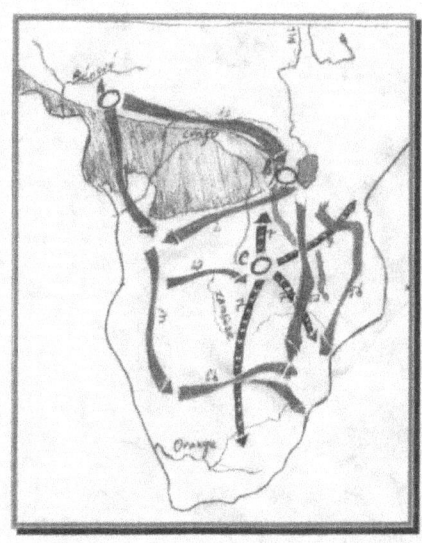

Chronologie approximative
- dates avant notre ère
+ dates de notre ère

A. Berceau Bantu – 1000
1a. Premier essaimage au nord de la
    forêt (néolithique) – 1000 à – 400
1b. premier essaimage (à travers la
    forêt) – 1000 à - 200
B. Foyer des grands lacs (début
    âge fer) – 700 à – 300
2. Courant Occidental – 300 à – 100
3. Courant Occidental – 100
4. Courant Oriental + 300 à + 400
5b. Courant Oriental + 300 à + 400
6a. Expansion vers l'Est Courant
    Occidental + 400 à + 500
6b. Expansion vers l'Est Courant
    Occidental + 400 à + 800
    (vers le Zambèze et le Limpopo)
C. Foyer Katanga-Zambie (le
    Proto-Bantus selon Guthrier) +
    500 à + 900
7. Expansion de l'âge du fer récent
    + 900 à + 1100

Etape de l'Expansion Bantu (D'après : DW PHILLIPSON)

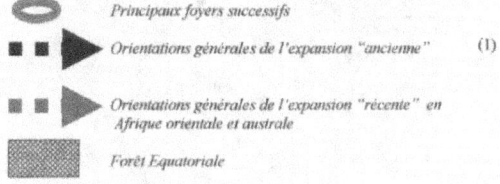

⬭ *Principaux foyers successifs*

▪▪▶ *Orientations générales de l'expansion "ancienne"*   (1)

▪▪▶ *Orientations générales de l'expansion "récente" en
      Afrique orientale et australe*

▓ *Forêt Equatoriale*

(1) Carte tiré du livre "Les Problèmes de l'Anthropologie et de l'histoire africaines"
     OP.cit.

LE PEUPLEMENT DU KATANGA

Hammars kjöld, humilié et vieilli, s'apprête à monter dans l'avion blanc qui, de Léopoldville, le conduit vers la mort. L'Équipage en est Suédois, comme cette garde qui lui rend des honneurs. Ceux-ci devaient être les derniers. Il a accepté, en vue d'un « cessez-le-feu » de rencontrer Tshombe en territoire neutre, à N'Dola, en Rhodésie, mais il n'y parviendra jamais.

Tiré du livre : NOTRE GUERRE AU KATANGA, Op. Cit.

Dag Hammarskjöld - Secrétaire Général de l'ONU de 1953 à 1961

**LE GOUVERNEUR DU KATANGA
GABRIEL KYUNGU WA KUMWANZA**

**LE GRAND CHEF MWANT YAV Nawej A
Ditend DE L'EMPIRE LUNDA – (né vers
1893 – DCD en 1963)**

~ 276 ~

Jean NGUZ A Karl-I-Bond & MOBUTU Sese Seko

Patrice Emery Lumumba,
1er Ministre

**Laurent-Désiré Kabila, Président de
la République 1997-2001**

**Joseph Kabila, Président de la
République 2001-**

LA FAUNE DU KATANGA

Galago ou Grand Lémurien
à longue queue du Katanga.
Galago crassicaudatus E. GEOFFROY.
D'après S. PRZCHOID et al.
Animaux protégés au Congo belge, 1947.

Nyala (Mâle)
Animaux protégés au Congo belge, 1947

Cob des marais ou Lechwe (mâle).
Onotragus leche (GRAY).
D'après S. PRZCHOID et al.
Animaux protégés au Congo belge, 1947.

Tsessebe ou Sassaby.
Damaliscus lunatus lunatus (BURCHELL)
D'après S. PRZCHOID et al.
Animaux protégés au Congo belge, 1947.

Grand KUDU (Mâle et Femelle)
Animaux protegés au Congo belge, 1947

Jabiru.
Ephippiorhynchus senegalensis (SHAW).
D'après S. FRECHKOP et al
Animaux protégés au Congo belge, 1947.

Chez le même éditeur

L'église chrétienne au Congo et ses bavures – Autopsie, Thérapies, espoir pour un peuple par Michel Monga Nkulu Ki-Mbayo.

Chronique sucrée-salée de l'Afrique centrale – Un peu plus sur la République Démocratique du Congo par Robert Kamuro.

De l'expression du temps au calendrier des activités culturelles tetela par Angèle Osako Onowamba.

Les enjeux socio-politiques du développement autodynamisant de la République Démocratique du Congo par Alain Nawej Kawel

Imprimé en République d'Afrique du Sud

ISBN : 978-1518682391

Dépôt légal: 11.20.2015.68.4ème Trimestre

Copyright : ©2RA - Publishing, 2015

Email: edition@2ra-company.com

Sandton - RSA

Mars 2016